Organizações e regimes
internacionais

O selo DIALÓGICA da Editora InterSaberes faz referência às publicações que privilegiam uma linguagem na qual o autor dialoga com o leitor por meio de recursos textuais e visuais, o que torna o conteúdo muito mais dinâmico. São livros que criam um ambiente de interação com o leitor – seu universo cultural, social e de elaboração de conhecimentos –, possibilitando um real processo de interlocução para que a comunicação se efetive.

Organizações e regimes internacionais

Janina Onuki
Kelly Komatsu Agopyan

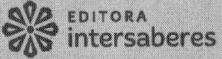

EDITORA intersaberes

Rua Clara Vendramin, 58 . Mossunguê . CEP 81200-170 . Curitiba . PR . Brasil
Fone: (41) 2106-4170 . www.intersaberes.com . editora@editoraintersaberes.com.br

Conselho editorial
Dr. Ivo José Both (presidente)
Dr.ª Elena Godoy
Dr. Neri dos Santos
Dr. Ulf Gregor Baranow
Editora-chefe
Lindsay Azambuja
Gerente editorial
Ariadne Nunes Wenger
Assistente editorial
Daniela Viroli Pereira Pinto
Preparação de originais
Fabrícia E. de Souza

Edição de texto
Palavra do Editor
Guilherme Conde Moura Pereira
Capa
Charles L. da Silva
Projeto gráfico
Bruno de Oliveira
Diagramação
Fabio Vinicius da Silva
Designer responsável
Charles L. da Silva
Iconografia
Regina Claudia Cruz Prestes

Dados Internacionais de Catalogação na Publicação (CIP)
(Câmara Brasileira do Livro, SP, Brasil)

Onuki, Janina
    Organizações e regimes internacionais/Janina Onuki, Kelly Komatsu Agopyan. Curitiba: InterSaberes, 2021.

    Bibliografia.
    ISBN 978-65-5517-831-9

    1. Conflito – Administração 2. Negociação 3. Organização internacional 4. Solução de conflitos I. Agopyan, Kelly Komatsu. II. Título.

20-47865   CDD-060

Índices para catálogo sistemático:
1. Organizações Internacionais   060

Maria Alice Ferreira – Bibliotecária – CRB-8/7964

1ª edição, 2021.

Foi feito o depósito legal.

Informamos que é de inteira responsabilidade das autoras a emissão de conceitos.

Nenhuma parte desta publicação poderá ser reproduzida por qualquer meio ou forma sem a prévia autorização da Editora InterSaberes.

A violação dos direitos autorais é crime estabelecido na Lei n. 9.610/1998 e punido pelo art. 184 do Código Penal.

Sumário

9 *Apresentação*
15 *Como aproveitar ao máximo este livro*
19 *Introdução*

Capítulo 1
27 **Regimes e organizações internacionais: origens, conceitos e abordagens teóricas**

(1.1)
29 Contexto histórico

(1.2)
33 Origem e natureza das organizações internacionais

(1.3)
36 O papel das organizações na cooperação internacional

(1.4)
36 Interpretações teóricas sobre as organizações internacionais

Capítulo 2
47 **Organização das Nações Unidas (ONU)**

(2.1)
49 Estrutura do sistema ONU

(2.2)
57 A ONU durante a Guerra Fria

(2.3)
61 O fim da Guerra Fria e as mudanças na ONU

(2.4)
63 O debate sobre a reforma da ONU

Capítulo 3
73 **Regimes internacionais de segurança**

(3.1)
76 Segurança na Organização das Nações Unidas (ONU)

(3.2)
77 Responsabilidade de proteger (R2P) e operações de paz

(3.3)
81 Organização do Tratado do Atlântico Norte (Otan)

(3.4)
84 Desafios do século XXI: terrorismo e não proliferação de armas nucleares

Capítulo 4
95 **Regimes internacionais de comércio**

(4.1)
98 Organização Mundial do Comércio (OMC)

(4.2)
103 Formação de coalizões na OMC

(4.3)
106 Formação do G20

(4.4)
106 Alguns temas relevantes para o Brasil nas negociações da OMC

Capítulo 5
115 **Regimes internacionais de direitos humanos e a justiça internacional**

(5.1)
118 Regime universal de direitos humanos

(5.2)
124 Tribunal Penal Internacional (TPI)

(5.3)
129 Sistema Interamericano de Direitos Humanos

(5.4)
132 Sistema Europeu e Sistema Africano de Direitos Humanos

(5.5)
134 Direitos humanos e o fenômeno das migrações

Capítulo 6
145 Regimes internacionais de meio ambiente

(6.1)
148 Regime de mudanças climáticas

(6.2)
156 Desenvolvimento sustentável

(6.3)
160 Objetivos de Desenvolvimento do Milênio (ODMs)

(6.4)
163 Objetivos de Desenvolvimento Sustentável (ODSs)

173 *Considerações finais*

179 *Referências*

189 *Respostas*

201 *Sobre as autoras*

Apresentação

O surgimento de diferentes organizações internacionais (OIs) ocorre sempre em contextos de superação de conflitos. Para além de criar um espaço de negociação para que as partes firmem um acordo de paz, essas organizações têm a função de desenvolver mecanismos que possam incentivar a cooperação. No limite, devem manter um ambiente harmônico, propício para o diálogo, com mecanismos cada vez mais robustos de solução de controvérsias.

Se acompanharmos a trajetória de diversas OIs, desde a Organização das Nações Unidas (ONU) até regimes internacionais que têm menor grau de institucionalização e são mais focados em temas de interesse comum dos Estados, veremos que a perspectiva sempre é otimista quanto à solução de divergências e à melhor interação entre as partes, construindo-se uma cultura institucional voltada para a paz.

As interpretações teóricas e as sugestões de aperfeiçoamento do ambiente institucional foram se alterando ao longo do tempo, influenciadas também pela conjuntura internacional. No período da Guerra Fria, as instituições tinham um papel mais limitado, de garantia de coordenação, para que os países minimamente pudessem trocar informações e negociar garantias de preservação da soberania.

Aos poucos, com o distensionamento da relação entre as grandes potências, esses ambientes institucionais tornaram-se ainda mais relevantes como um espaço de convivência entre diferentes países. Gradativamente, várias organizações também passaram a se preocupar com a inclusão de mais países, de diferentes níveis de desenvolvimento, para ampliar o grau de democratização, dando mais oportunidade de participação e reduzindo as desigualdades entre os países.

O processo de democratização das OIs está em foco no que concerne não apenas ao tema comercial, campo em que os benefícios e os custos materiais são mais evidentes, mas também a outras temáticas, como direitos humanos e meio ambiente, áreas em que os países menos desenvolvidos têm menos recursos para atuarem e se defenderem das violações e dos impactos. Desse modo, tais países procuram normas internacionais que possam protegê-los e assegurar sua sobrevivência quando não encontram respaldo no ambiente doméstico.

As OIs ganharam mais relevância sobretudo após o fim da Guerra Fria, momento em que o mundo se abriu e a maior parte dos países com regimes democráticos buscou ampliar sua confiabilidade e manter a estabilidade do sistema internacional. Com o ataque às Torres Gêmeas, nos Estados Unidos, em 2001, o terrorismo passou a ser uma ameaça real, e a capacidade de organizações importantes em lidar com esse novo cenário foi questionada. Nesse contexto, discutem-se a eficácia e a legitimidade das organizações em lidar com cenários de imprevisibilidade. Além disso, grande parte delas enfrenta desafios para manter as negociações em andamento.

No entanto, não há como negar que as OIs ganham visibilidade e voltam ao centro das relações internacionais na conjuntura atual. Se temos um problema comum, como a atual pandemia de coronavírus

(2020), que atinge todos os países, são necessárias políticas globais que possam dar conta de ações comuns. Nesse contexto de crise, o papel das instituições internacionais ganha destaque como balizadoras do comportamento dos Estados no sistema internacional, capazes de criar normas e procedimentos e de consolidar princípios que permitam desenvolver ações cooperativas para construir bens públicos globais.

Um dos pontos que abordaremos ao longo dos capítulos é a mudança de escopo das organizações, situação em que estas, embora tenham os Estados como atores centrais na definição de políticas globais, adotam como foco os indivíduos, reconhecendo que os cidadãos são fundamentais para a definição das ações políticas. A maior conexão entre o que se discute no plano multilateral e a formulação de políticas domésticas, em países com níveis diferentes de desenvolvimento, é essencial para o aprimoramento das OIs.

Tais mudanças também implicam o fato de que essas instituições superam os limites de criação de um espaço institucional propício para as negociações e transformam-se em espaços de convivência e de diálogo, dando a possibilidade de construção de uma nova percepção sobre os temas – consequentemente, de criação de novas normativas internacionais – por meio da interação entre valores e ideias entre atores estatais e não estatais.

Este livro não tem a pretensão de ser estritamente teórico, embora o tema das OIs tenha ocupado um espaço central como objeto de análise na delimitação do debate das teorias das relações internacionais. Porém, não nos descuidamos do rigor conceitual e da discussão sobre os principais avanços e desafios que cada um dos assuntos traz para o aperfeiçoamento das instituições.

Os capítulos não estão organizados propriamente conforme uma ordem cronológica. Optamos por estruturar o livro, e apresentar os regimes e as organizações, considerando as temáticas mais relevantes e aquilo que cada um dos temas representa nos avanços nas relações internacionais.

No primeiro capítulo, fazemos uma apresentação da evolução histórica e teórica das organizações, bem como abordamos sua relevância para as relações internacionais.

O segundo capítulo tem como foco o debate sobre a criação e a atuação da OI que ainda hoje tem maior centralidade no sistema internacional: a ONU. Analisamos a instituição ao longo de sua história, desde sua criação em 1945, passando pelo período da Guerra Fria, até a atualidade, além de examinarmos o debate sobre sua necessidade de reforma.

A partir do Capítulo 3, tratamos de regimes temáticos que consideramos os grandes pilares das relações internacionais. No terceiro capítulo, voltamos a atenção aos regimes de segurança internacional, sua evolução ao longo do tempo e suas novas premissas como o conceito de *responsabilidade de proteger* (R2P), traduzido no aumento das operações de paz, e com o surgimento de novos desafios como o terrorismo.

No quarto capítulo, abordamos os regimes internacionais de comércio, com destaque para a Organização Mundial do Comércio (OMC) e para o papel do Brasil.

No quinto capítulo, apresentamos os regimes de direitos humanos e de justiça internacional. Analisamos os principais sistemas de direitos humanos, entre eles o universal, reproduzido pela ONU, e o interamericano, encabeçado pela Organização dos Estados Americanos (OEA). Discutimos, ainda, as migrações, fenômeno com novos desafios na atualidade.

No sexto e último capítulo, por fim, desenvolvemos o tema dos regimes de meio ambiente, com foco naqueles que se preocupam com as mudanças climáticas e na agenda do desenvolvimento sustentável, que tem sido disseminada por meio dos Objetivos de Desenvolvimento Sustentável (ODSs) da ONU.

Ao fim de cada capítulo, apresentamos um conjunto de questões para reflexão e sugerimos um material complementar para que o leitor possa aprender mais sobre os temas analisados e contribuir com a discussão pública sobre a política externa brasileira e nossa participação nos ambientes multilaterais.

Desse modo, nosso objetivo também é colaborar para a reflexão sobre uma melhoria na relação entre os atores internacionais, para garantir que conflitos sejam cessados, que acordos de paz sejam respeitados e que seja possível trabalhar para o avanço dos canais institucionais de diálogo e o aperfeiçoamento dos instrumentos-de negociação.

Esperamos, por fim, contribuir para a disseminação do conhecimento acadêmico na área de relações internacionais e para a reflexão mais qualificada sobre temas que afetam as políticas domésticas e a vida dos cidadãos.

Como aproveitar ao máximo este livro

Empregamos nesta obra recursos que visam enriquecer seu aprendizado, facilitar a compreensão dos conteúdos e tornar a leitura mais dinâmica. Conheça a seguir cada uma dessas ferramentas e saiba como estão distribuídas no decorrer deste livro para bem aproveitá-las.

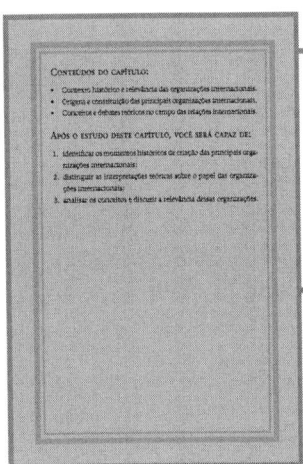

Conteúdos do capítulo:

Logo na abertura do capítulo, relacionamos os conteúdos que nele serão abordados.

Após o estudo deste capítulo, você será capaz de:

Antes de iniciarmos nossa abordagem, listamos as habilidades trabalhadas no capítulo e os conhecimentos que você assimilará no decorrer do texto.

Síntese

Ao final de cada capítulo, relacionamos as principais informações nele abordadas a fim de que você avalie as conclusões a que chegou, confirmando-as ou redefinindo-as.

Questões para revisão

Ao realizar estas atividades, você poderá rever os principais conceitos analisados. Ao final do livro, disponibilizamos as respostas às questões para a verificação de sua aprendizagem.

Questões para reflexão

Ao propor estas questões, pretendemos estimular sua reflexão crítica sobre temas que ampliam a discussão dos conteúdos tratados no capítulo, contemplando ideias e experiências que podem ser compartilhadas com seus pares.

Para saber mais

Sugerimos a leitura de diferentes conteúdos digitais e impressos para que você aprofunde sua aprendizagem e siga buscando conhecimento.

Introdução

A evolução do sistema internacional para uma complexidade cada vez maior das relações entre os Estados, a perspectiva de reduzir o número de conflitos com a adoção de normas internacionais comuns e a busca pela manutenção da paz no âmbito internacional fizeram surgir o debate sobre o papel das organizações internacionais (OIs) a partir do fim da Primeira Guerra Mundial.

Até aquele momento, as instituições internacionais eram pouco relevantes para os estudos das relações internacionais, porque a ordem internacional, elemento central do campo de estudo da disciplina, era concebida apenas como uma decorrência da interação entre Estados nacionais soberanos, caracterizada pela anarquia internacional, semelhante ao estado de natureza tal como descrito por Thomas Hobbes. Nesse período, marcado por grandes conflitos internacionais, o debate foi amplamente dominado pela escola realista, que sugeria que o estágio de conflito só seria superado pelo equilíbrio de poder. A ideia de segurança coletiva internacional dependia, portanto, do equilíbrio entre as nações com mais recursos de poder.

Como o estudo das OIs está diretamente relacionado ao estabelecimento de uma possível ordem internacional, o tema ganhou destaque no momento em que os Estados passaram a buscar uma solução para os conflitos. Como vertente do pensamento idealista das relações internacionais, a criação da Organização das Nações Unidas (ONU), em 1945, e a de sua antecessora, a Liga das Nações, estabelecida pelo Tratado de Versalhes em 1919, são vistas como tentativas de promover a segurança coletiva por intermédio de uma instituição internacional capaz de mitigar os conflitos e promover a cooperação entre as nações.

Inicialmente, a criação das OIs foi defendida, no campo das relações internacionais, pela escola idealista: para que os Estados pudessem superar o estágio de conflito que caracterizava o sistema internacional, era preciso institucionalizar regras de convivência. A teoria idealista surgiu, praticamente, como uma reação moral à Primeira Guerra Mundial (1914-1918), para adaptar as relações estatais às exigências do direito e da justiça, e com uma expectativa otimista em relação ao ser humano, tendo em vista sua capacidade de buscar o bem comum.

Podemos situar esse debate no contexto do lançamento dos 14 pontos, propostos pelo presidente americano Thomas Woodrow Wilson, que fundamentaram os princípios da Liga das Nações, criada para se tornar um "governo mundial", na tentativa de recuperar a ordem e, dessa forma, a estabilidade do sistema internacional, garantindo a paz. A discussão passou a ser a necessidade de se dispor de uma instituição supranacional para arbitrar os conflitos e assegurar a governabilidade. Entretanto, a Segunda Guerra Mundial trouxe novamente ao cenário internacional a realidade da disputa de poder entre os Estados.

Após o término da Segunda Grande Guerra, o papel efetivo da ONU em promover a paz internacional colocou em confronto o pensamento realista e o pensamento institucionalista. Nessa segunda perspectiva, a organização teria como finalidade promover a cooperação internacional e a resolução de conflitos por meio do mecanismo de segurança coletiva internacional. Partia-se da ideia de que haveria consenso sobre as ameaças à estabilidade internacional. Essa percepção comum levaria a ações coletivas, já que a segurança internacional era entendida como resultado da ação racional dos Estados.

Em contraposição à perspectiva idealista, que via a ONU como um espaço de convivência e de diálogo para a construção de instrumentos que garantiriam a governança global, para os realistas as instituições internacionais apenas refletiam a estrutura desigual do poder mundial. Ou seja, no caso da ONU, eram os países com assento permanente no Conselho de Segurança que tinham legitimidade para decidir as formas de manutenção da paz. Com o início do ciclo da Guerra Fria, os mecanismos de segurança coletiva inaugurados com a ONU deram lugar à estabilidade derivada da relação bipolar.

O equilíbrio de poder entre as duas superpotências, Estados Unidos e União Soviética, que perdurou durante um longo período histórico, orientava a relação entre os países e também a estruturação das OIs.

A emergência de instituições internacionais não se restringiu, no entanto, ao campo estratégico-militar. No campo econômico, foi criado, no pós-guerra, um conjunto de normas e instituições com a finalidade de estabelecer regulações e padrões para as relações de comércio e as finanças internacionais. Como parte do sistema Bretton Woods, foram criados o Fundo Monetário Internacional (FMI), para promover a estabilidade do sistema financeiro internacional; o Banco Mundial (BM), voltado ao desenvolvimento econômico e à reconstrução das economias atingidas pela guerra; e o Acordo Geral sobre Tarifas e Comércio (GATT), para prover regras claras e fixar medidas de cunho liberalizante para o comércio internacional.

No âmbito regional, surgiram também instituições que buscavam a estabilidade política e econômica entre países de uma mesma região, como é o caso da Organização dos Estados Americanos (OEA). Esse conjunto de instituições internacionais e regionais daria equilíbrio ao sistema internacional, seja incentivando a cooperação, seja permitindo ações coordenadas no âmbito internacional. Essa era a interpretação dos institucionalistas que defendiam a presença de OIs como moduladoras do comportamento dos Estados.

A partir da década de 1970, influenciado principalmente pela crise do petróleo, começava a crescer o interesse acadêmico pelo estudo dos regimes (aliado a investimentos em pesquisa nessa temática). Diante dos esforços para reagir ao que Robert Keohane e Joseph Nye Jr. (2012) definiram como *interdependência complexa*, passava a existir uma demanda por maior coordenação política com relação aos problemas globais e pela criação de mecanismos que pudessem influenciar o aumento da cooperação. A consequência disso foi o surgimento de novos estudos sobre regimes internacionais.

A partir da década de 1980, os teóricos das relações internacionais passaram a centrar suas análises na explicação do conceito de *cooperação*. Foi aqui que ganhou fôlego o debate entre as correntes teóricas neoinstitucionalista e neorrealista e que teve início o que conhecemos como *teorias dos regimes internacionais*, cuja discussão parte da definição de características que identificariam a forma de criação do regime: coerção (regimes impostos); convergência de expectativas (regimes espontâneos); processo de barganha e criação de confiança (regimes negociados). Essa tipologia sugere, ainda, estudos sobre três elementos centrais para o entendimento do modelo e da permanência dos regimes: princípios, normas (que orientam um padrão de comportamento) e processo decisório.

A partir daquele momento, adensou-se o debate entre as correntes teóricas para justificar a criação das instituições internacionais. Podemos sinteticamente dividir essa explicação em três correntes:

1. **Corrente neoinstitucionalista** (Robert Keohane, Lisa Martin): defende que as instituições internacionais estimulam a cooperação internacional entre atores racionais ao reduzirem as incertezas e os custos de transação, criando condições para os Estados colaborarem em benefício mútuo, reforçando a reciprocidade e a legitimidade das ações. Os altos níveis de interdependência estabelecem o ritmo de um processo contínuo de cooperação.
2. **Corrente neorrealista** (Kenneth Waltz, Stephen Krasner): o debate continua focado na estrutura desigual do sistema internacional, e os Estados se preocupam com a busca de ganhos relativos. As instituições internacionais afetam as perspectivas de cooperação internacional apenas marginalmente.
3. **Corrente construtivista** (Alexander Wendt, Emanuel Adler): consideram-se valores, ideias e culturas como variáveis endógenas no curso da interação entre os atores. Havendo a convergência de valores em determinada área, a possibilidade de cooperação aumenta.

Ainda na década de 1980, os autores passaram a adotar uma definição objetiva de regimes internacionais: "conjunto de princípios, normas e regras de tomada de decisão em torno dos quais convergem as expectativas de cada ator, em determinados assuntos ou questões" (Krasner, 1982, p. 186, tradução nossa). Esse conceito permite aos pesquisadores acompanhar o comportamento dos Estados e analisar os comportamentos institucionais e as mudanças à medida que as relações vão se tornando mais complexas e subordinadas a regras comuns.

A discussão sobre o papel das instituições internacionais tem crescido cada vez mais e mudou após o fim da Guerra Fria, pois anteriormente a maior parte das instituições internacionais refletia a estrutura bipolar de poder. Com o aprofundamento da interdependência, a partir dos anos 1990, além das organizações internacionais tradicionais, outros atores passaram a influenciar o cenário internacional, como os blocos de integração (por exemplo, a União Europeia e outros esquemas regionais, como a Cooperação Econômica Ásia-Pacífico – Apec e a Associação de Nações do Sudeste Asiático – Asean). Cresceu, assim, a demanda por regimes internacionais, vistos como fontes reguladoras da instabilidade internacional ou como atores capazes de garantir a governabilidade mundial por meio de padrões democráticos de participação.

Duas questões importantes podem ser colocadas no debate atual: a efetividade e a legitimidade das OIs. Dada a reconhecida influência de suas decisões no cenário internacional pós-Guerra Fria, analisa-se sua efetividade, isto é, a capacidade de essas instituições tornarem efetivas suas decisões (capacidade de *enforcement*).

Outro tema a ser analisado é a questão do déficit democrático, ou seja, a participação efetiva dos países nas decisões internacionais e o aumento da influência de atores não estatais na definição do sistema internacional. É aqui que se insere, por exemplo, a proposta de reforma do Conselho de Segurança da ONU.

Embora a existência de instituições internacionais – e o início dos processos de reforma – não assegure, necessariamente, uma completa restrição às ações unilaterais dos Estados nacionais, parece ser extremamente relevante o debate sobre o papel das OIs como promotoras da cooperação e incentivadoras de um sistema internacional multilateral.

Outra questão atual são os benefícios a serem conseguidos pelos países médios (como o Brasil) ao atuarem de forma mais assertiva no âmbito multilateral. Nos últimos anos, tais países ganharam diversas denominações, como *potências médias, potências regionais* e *países emergentes*. Entre várias características comuns, compartilharam também a opção por atuar nos espaços das instituições internacionais, lugar onde têm oportunidade de formar coalizões para ganhar força e enfrentar as grandes potências.

Portanto, o objetivo deste livro é analisar, de forma breve, o papel das instituições internacionais como um dos elementos fundamentais do funcionamento do sistema internacional e apresentar alguns estudos de caso relativos aos principais regimes internacionais que, nas últimas décadas, ganharam outra dimensão, tanto do ponto de vista de seu conteúdo quanto do ponto de vista de sua relevância.

Capítulo 1
Regimes e organizações
internacionais: origens, conceitos
e abordagens teóricas

Conteúdos do capítulo:

- Contexto histórico e relevância das organizações internacionais (OIs).
- Origens e constituição das principais OIs.
- Conceitos e debates teóricos no campo das relações internacionais.

Após o estudo deste capítulo, você será capaz de:

1. identificar os momentos históricos de criação das principais OIs;
2. distinguir as interpretações teóricas sobre o papel das OIs;
3. analisar os conceitos e discutir a relevância dessas organizações.

(1.1)
CONTEXTO HISTÓRICO

As organizações internacionais (OIs) são um fenômeno disseminado, sobretudo no século XX, como decorrência do advento da Organização das Nações Unidas (ONU). Segundo Herz e Hoffmann (2004, p. 9), as OIs – que podem ser divididas em intergovernamentais e não governamentais – "são a forma mais institucionalizada de realizar a cooperação internacional".

Contudo, apesar de se tratar de um fenômeno recente, é preciso relembrar que a demanda por uma cooperação mais organizada já é antiga, tendo em vista a intensa interação internacional que já ocorria entre cidades-Estados antes mesmo do estabelecimento do conceito de *Estado nacional*. Nesse caso, o principal elemento motivador da cooperação seriam as trocas comerciais ou a proteção militar. Como exemplos, podemos citar a Liga do Peloponeso, na Grécia Antiga (séculos VI e V a.C.), liderada por Esparta para a proteção de suas cidades-membros; a Liga de Delos, uma liga militar liderada por Atenas (século V a.C.) para a defesa de cidades gregas; e a Liga Hanseática, formada por cidades mercantis alemãs (dos séculos XII a XVII).

Com a série de Tratados da Paz de Westfalia (1648), que pôs fim à Guerra dos Trinta Anos e na qual foi reconhecida a soberania dos Estados nacionais, a demanda por uma cooperação internacional mais institucionalizada continuou a ser uma necessidade. O fim das Guerras Napoleônicas, no século XIX, e a realização do Congresso de Viena deram início ao Concerto da Europa (1815), aliança formada por grandes potências europeias do período – Prússia, Áustria, Rússia, Grã-Bretanha e França – com o intuito de gerir o novo equilíbrio de poder europeu pós-Napoleão. O concerto acabou se constituindo por uma sequência de encontros multilaterais entre as potências até a eclosão da Primeira Guerra Mundial. Sua importância, no que diz respeito ao que viriam a ser as OIs da contemporaneidade, consiste no estabelecimento de premissas que deram base para a formação experiências posteriores de cooperação internacional mais institucionalizada, como a manutenção da paz pelas vias da diplomacia multilateral.

A expansão das relações internacionais acabou por instaurar demandas práticas de cooperação para além do próprio equilíbrio político gerido pelo Concerto da Europa. Passou-se a criar necessidades de regulação de questões que eram comuns a diferentes Estados nacionais, como regras de transporte marítimo internacional, padrões operacionais para a comunicação transfronteiriça (seja pelo sistema postal, seja por telégrafos), regulações sanitárias e de prevenção a epidemias, entre outros temas que já não cabiam apenas na jurisdição doméstica. Essa demanda prática por padronizações transfronteiriças acabou por estimular a criação de associações e uniões internacionais.

Em 1865, foi fundada a União Internacional do Telégrafo, considerada a primeira OI do mundo. Vinte estados pactuaram em Paris um acordo que estabelecia normas para facilitar a comunicação internacional, por exemplo, a padronização do uso do código Morse. Em 1932, seu nome foi alterado para *União Internacional das Telecomunicações* e mais tarde passou a integrar a ONU como uma de suas agências especializadas.

Em 1899 e, posteriormente, em 1907, foram realizadas duas conferências em Haia (Holanda) que definiram o que foi chamado de *Convenção de Haia*. A iniciativa veio do governo do czar russo Nicolas II, com o intuito de determinar, de forma multilateral, regras que limitassem o uso de armamento de guerra, incentivando a aplicação das Convenções de Genebra. O primeiro encontro contou com a participação de 26 Estados, resultando na adoção da convenção para a resolução pacífica de conflitos internacionais e na criação da Corte Permanente de Arbitragem. Já o segundo encontro, em 1907, contou com a participação de 44 Estados. Foi acordada a realização de uma terceira conferência em 1915, que acabou não ocorrendo em virtude da eclosão da Primeira Guerra Mundial.

> As Convenções de Genebra são um conjunto de quatro tratados internacionais firmados a partir de 1864, os quais preveem a proteção de, respectivamente, prisioneiros, civis e profissionais humanitários em conflitos armados.

Apesar das divergências quanto a um acordo sobre a limitação do uso de armamento, a Convenção de Haia também teve papel de grande relevância para a concepção de um arranjo institucional mais desenvolvido e centrado no desenvolvimento do direito internacional público, com a aprovação de procedimentos de resolução pacífica de conflitos e a regulação de práticas internacionais de guerra. Além disso, as conferências passaram a incorporar outros países para além do continente europeu; o Brasil, aliás, participou desse encontro em 1907.

A eclosão da Primeira Guerra Mundial efetivamente abalou os arranjos institucionais previamente estabelecidos, já que os esforços multilaterais para a manutenção da paz ou a resolução pacífica de conflitos não foram eficazes para evitar o conflito. As tratativas para o fim da guerra, em 1918, foram marcadas pelo discurso do então presidente norte-americano Thomas Woodrow Wilson, que clamava pela realização de 14 objetivos que garantissem a manutenção da paz internacional. O último dos pontos previa o seguinte: "Uma associação geral de nações deve ser formada sob convênios específicos para proporcionar garantias mútuas de independência política e integridade territorial igualmente para grandes e pequenos Estados" (Wilson, 1918, p. 2, tradução nossa).

Em 1919, a Liga das Nações foi estabelecida por meio do Tratado de Versalhes, documento assinado pelas potências em sessões da Conferência de Paz de Paris, que oficializou o fim da Primeira Guerra Mundial. A organização tinha por objetivo a manutenção da paz mundial e a mediação pacífica de conflitos, de forma a evitar a eclosão de uma guerra como aquela que havia passado.

Sediada em Genebra, a Liga das Nações tinha como órgãos principais um Conselho Executivo, uma Assembleia Geral e um Secretariado. A proposta do **Conselho Executivo** previa como membros permanentes as cinco potências vencedoras da guerra (Estados Unidos, Grã-Bretanha, França, Itália e Japão) e quatro não permanentes. Contudo, os Estados Unidos nunca chegaram a participar da Liga das Nações, apesar dos esforços de Woodrow Wilson, já que o congresso estadunidense nunca chegou a ratificar o Tratado de Versalhes. A Alemanha entrou para a Liga em 1926 e tornou-se a quinta potência membro do Conselho. O número de membros não permanentes foi alterado para seis em 1922 e depois para nove em 1926.

Já a **Assembleia Geral**, considerada uma grande inovação da Liga, permitia a representação de todos os membros, cada um com direito a um voto. Eles se reuniam uma vez por ano – modelo replicado mais tarde pela ONU. Por fim, o **Secretariado** cuidava das questões administrativas da Liga, como a agenda dos encontros e a preparação de relatórios, estabelecendo a atuação de um funcionalismo público internacional.

A Liga das Nações inaugurou um modelo de institucionalidade permanente que permitiu uma regularidade na realização de sessões e de negociações internacionais. Além disso, fortaleceu as estruturas do direito internacional, criando uma Corte Permanente de Justiça Internacional. Também foi responsável por fortalecer a premissa da segurança coletiva, considerando uma ameaça a um de seus membros como uma ameaça a toda a paz internacional e prevendo uma ação coletiva automática contra essas agressões, o que poderia servir como um instrumento para dissuadir a eclosão de conflitos. O uso da força deveria ser legitimado por meio de autorização da comunidade internacional.

A Liga existiu oficialmente até 1946, mas começou a ser esvaziada nos anos 1930. Apesar de ter sido considerada um grande fracasso, visto que não conseguiu evitar a eclosão de uma nova guerra por meio do multilateralismo, teve um papel central de influência na criação da ONU. Ela também foi bem-sucedida na mediação de disputas na América Latina e nos Bálcãs, porém não conseguiu evitar invasões ofensivas da Itália na Etiópia ou do Japão na região da Manchúria.

As dificuldades de se materializar um sistema de segurança coletiva, sobretudo em um contexto ainda marcado pela forte lógica da soberania estatal westfaliana de Estados autointeressados, somadas à não universalidade da representatividade da Liga (que, como apontamos, também não contou com a participação estadunidense) e ao caráter não vinculativo de suas decisões, foram fatores que contribuíram para a sua decadência.

> A Liga das Nações teve inicialmente 42 membros (em 1920). No total, 63 países diferentes passaram pela organização, mas não ao mesmo tempo (Herz; Hoffmann, 2004, p. 88).

(1.2)
Origem e natureza das organizações internacionais

Esse conjunto de arranjos institucionais que foram se constituindo – e se desmantelando – ao longo da história acabou por trazer grande influência para o contexto das OIs no mundo contemporâneo, agregando princípios e regras de operação utilizadas atualmente por essas organizações. A ONU (que será especificamente abordada no Capítulo 2) pode ser considerada um marco para a universalização das OIs, que passam a buscar formas de garantir alguma estabilidade para um sistema internacional cada vez mais complexo. Esse tipo de organização acabou por se proliferar sobretudo a partir da metade do século XX, investindo-se de uma complexidade cada vez maior.

As OIs se inserem na prática do **multilateralismo**, que, segundo Keohane (1998), seria definida como a coordenação de políticas nacionais em grupos de três ou mais Estados, por meio de arranjos *ad hoc* ou por meios institucionais. Segundo o autor, as instituições internacionais poderiam tomar a forma de **regimes internacionais** ou estar associadas a eles: os regimes são um conjunto de regras acordadas pelos Estados nacionais para gerir o comportamento destes em algum tema específico. Este livro abordará alguns dos regimes internacionais existentes.

> Arranjo *ad hoc* é uma forma de cooperação criada para um período específico e com um objetivo delimitado. É possível exemplificar esses arranjos por meio dos tribunais internacionais criados especificamente para julgar crimes de guerra, como o Tribunal de Nuremberg.

Algumas características gerais, com base no direito internacional, definem as OIs. Por serem consideradas como sujeitos do sistema internacional, com personalidade jurídica internacional, as OIs reconhecidas pelo direito internacional são formadas **apenas** por Estados nacionais ou outras OIs. Além disso, há a necessidade de um tratado internacional constitutivo da organização, que estabelece suas competências e suas atribuições, a ser assinado e ratificado pelos países. A associação à organização é voluntária. Após sua constituição, regulamentos e um estatuto interno devem ser elaborados para gerir seu funcionamento.

As OIs, diferentemente dos arranjos *ad hoc*, são permanentes e por isso contam com uma sede fixa, formalizadas por meio de um acordo de sede com o país anfitrião. Os funcionários das OIs são servidores públicos internacionais, com privilégios e imunidades internacionais específicas, e devem apresentar condutas de neutralidade do serviço – apesar de continuarem a ser cidadãos de seus países de origem.

Nesse contexto, é importante destacarmos o caso especial do Comitê Internacional da Cruz Vermelha (CICV). O suíço Henri Dunant, ao presenciar a Batalha de Solferino, na Itália, em 1859, e ver os horrores da guerra, resolveu criar em 1863 o Comitê Internacional de Socorro aos Feridos, para fornecer serviços médicos em conflitos.

Considerando a atuação crescente do CICV em conflitos e sua relevância para o cumprimento da Convenção de Genebra, o direito internacional acabou por reconhecer o CICV como detentor de um mandato internacional para atuar em situações de conflitos armados, sendo essa organização caracterizada como guardiã e promotora do direito internacional humanitário contemporâneo (CICV, 2004). A particularidade do CICV reside no fato de ser juridicamente uma organização de caráter privado, gerido por uma assembleia de membros suíços, mas que, por conta de sua função e atuação, acabou ganhando reconhecimento internacional e um *status* diferenciado em relação a outras organizações não governamentais (ONGs) internacionais.

(1.3)
O PAPEL DAS ORGANIZAÇÕES NA COOPERAÇÃO INTERNACIONAL

As relações internacionais, por terem sido fundadas pelo Tratado de Westfalia, com base em um sistema composto de Estados soberanos e autointeressados, teriam como pressuposto justamente a não cooperação. Isso porque esse sistema anárquico de competição e desconfiança seria calcado na ameaça iminente de guerras, já que seus únicos atores, os próprios Estados, seriam racionais, buscando a todo custo sua sobrevivência.

Contudo, o que se percebeu ao longo da história foi um aumento da interdependência entre os Estados, inicialmente motivada por questões comerciais, por isso foi necessário o estabelecimento de normas e diretrizes que permitissem a harmonização das relações e a solução conjunta de problemas comuns, garantindo alguma forma de cooperação. A criação de regimes e OIs foi um desdobramento dessa necessidade prática dos Estados em coexistirem em harmonia em um mundo cada vez mais conectado.

No entanto, as teorias das relações internacionais passaram a analisar a funcionalidade e a efetividade desses regimes e organizações de formas essencialmente divergentes.

(1.4)
INTERPRETAÇÕES TEÓRICAS SOBRE AS ORGANIZAÇÕES INTERNACIONAIS

Como antecipamos na seção de introdução deste livro, podemos resumir a discussão teórica das relações internacionais e suas interpretações sobre o papel das OIs em três principais vertentes: o neorrealismo, o neoinstitucionalismo e o construtivismo. Para resumi-las, podemos associá-las, respectivamente, a três elementos distintos: poder político; institucionalização e estabilidade; e sociabilização.

Cada um desses elementos sintetiza a interpretação que os analistas, filiados a diferentes vertentes teóricas, fazem do papel dos regimes e das OIs. O ponto central do debate é o incentivo, criado pelas OIs, ao aumento da cooperação e, consequentemente, da estabilidade do sistema internacional.

Os neorrealistas argumentam que as OIs têm papel marginal na mudança de comportamento dos Estados, pois ainda prevalece o raciocínio do aumento de ganhos relativos entre as nações, o que as levaria a instrumentalizar as organizações sobretudo para reduzir os custos de ação e de negociação, a fim de garantir interesses individuais. A cooperação, nesse contexto, seria uma forma de maximizar os benefícios de cada Estado, e os mais poderosos teriam maior capacidade de atuação.

1.4.1 O debate entre realistas e institucionalistas

Robert Keohane é uma das principais referências da linha dos institucionalistas, a qual define a **teoria da escolha racional** ou a **análise da escolha condicionada sistêmica**. Conforme o próprio nome da teoria indica, Keohane (1982) defende que os atores da política internacional respondem racionalmente a constrangimentos e incentivos do sistema internacional – influenciados pelos atores mais poderosos –, podendo então alterar as próprias preferências e os próprios comportamentos. A decisão de ingressar em um regime ou em uma OI também é racional, baseada em um cálculo estratégico de custo-benefício, e a participação é voluntária.

Os institucionalistas não acreditam, entretanto, que as OIs sejam governos supranacionais autoritários ou autoridades globais, estando acima dos Estados nacionais. Essas organizações seriam formadas com base em um acordo mútuo firmado entre os Estados justamente porque ajudariam a estruturar um sistema que garantisse menos riscos e mais confiança na relação entre seus membros, enfraquecendo a lógica de Kenneth Waltz (citado por Keohane, 1982) de um "sistema de autoajuda", no qual as nações não poderiam confiar em mais nenhuma outra para assegurar a própria segurança. Os institucionalistas defendem que os Estados-membros devem ter seu poder de tomada de decisão garantido nesses espaços institucionais.

Segundo essa perspectiva, as instituições seriam instrumentos que permitiriam estabelecer parâmetros de negociação, reduzindo custos de transação e assegurando a troca e a disponibilidade de informações entre as partes, o que contribuiria para fortalecer a confiança mútua e as expectativas em relação ao comportamento incerto dos outros. Dessa forma, a participação dos Estados nas instituições constitui uma escolha racional estratégica realizada com base no cálculo dos riscos, que aponta um melhor custo-benefício das instituições se comparado ao caso de acordos bilaterais diretos ou acordos *ad hoc*.

Keohane (citado por Mearsheimer, 1994-1995, p. 6, tradução nossa) afirma que: "Evitar o conflito militar na Europa após a Guerra Fria depende consideravelmente de se a próxima década será caracterizada por um padrão contínuo de cooperação". Assim, nessa visão as instituições seriam capazes de mudar o comportamento egoísta dos Estados, garantindo um sistema internacional mais estável e cooperativo.

Todavia, os realistas divergem diretamente da proposta institucionalista e defendem que as instituições são justamente um reflexo da distribuição de poder do sistema internacional, pois são desenhadas e estruturadas pelos Estados mais poderosos para manter ou expandir seu poder. Logo, estímulos à cooperação seriam prejudicados pelo fato de os Estados se preocuparem diretamente com seus ganhos relativos – ou seja, seria impossível compatibilizar ganhos para todos, já que o avanço de um significaria necessariamente o prejuízo de outro – e com a "traição" ou o não cumprimento dos acordos estabelecidos com as demais nações.

Assim, uma das principais críticas dos realistas aos institucionalistas é a de que a criação de instituições não altera o sistema anárquico, isto é, os Estados nacionais continuam autointeressados e preocupados com seus ganhos relativos, o que pode motivar agressões, e não cooperação, por isso as instituições são ineficientes para assegurar a paz do sistema.

1.4.2 O CONSTRUTIVISMO E A INSERÇÃO DOS ATORES SOCIAIS

A teoria construtivista (ou teoria sociológica) das relações internacionais inova ao inserir uma outra perspectiva para o entendimento do papel das OIs tanto do ponto de vista de sua estrutura e de seus objetivos quanto do ponto de vista da interpretação do papel dessas organizações na sociedade internacional. O ponto central na discussão faz referência às mudanças do sistema internacional nas últimas décadas (mudanças marcadas, sobretudo, pelo fim do período da Guerra Fria), que tornaram as relações internacionais mais complexas, com a participação de um número maior de atores, de natureza e interesses distintos.

Nesse novo contexto, seria preciso repensar a estrutura decisória para torná-la mais democrática, a fim de que os resultados das negociações pudessem ser mais amplos e se chegasse a um consenso maior entre os participantes. A perspectiva construtivista dá ênfase, ao contrário das teorias clássicas neorrealista e neoinstitucionalista, a outras variáveis, por exemplo, ideias, princípios e valores, como elementos fundamentais para compreender o papel das organizações.

O espaço institucional dá oportunidade para que os atores interajam de forma sistemática para mudar o comportamento, no sentido de uma maior sociabilização e um maior consenso em relação aos seus interesses. Quanto mais os atores conviverem, maior será a possibilidade de sociabilização das ideias. Cabe destacarmos que essa é uma posição distinta da assumida pelos institucionalistas, os quais defendem que as instituições, ao incentivarem a convivência entre os atores, "organizam" a relação de interdependência e criam mais cooperação.

Para os construtivistas, o discurso dos atores deve ser considerado, pois pode mudar a percepção dos participantes e dar uma nova interpretação ao papel das OIs na governança global, a fim de refletir diferentes ideias, que passam a ser compartilhadas. A governança global, nesse sentido, não pode ser definida conceitualmente ou em sua estrutura, mas construída por meio da interação entre os atores. Nesse caso, um aspecto relevante é a inclusão de atores sociais nos processos de definição das formas e da legitimidade da governança global por intermédio das instituições internacionais.

1.4.3 A teoria crítica sobre as organizações internacionais

Diferentemente das demais teorias institucionalistas, a teoria crítica é mais ambiciosa ao explicar o papel das OIs. Seus defensores propõem uma ruptura da forma como o sistema internacional é constituído, mostrando que o sistema anárquico tem suas contradições e pode ser alterado.

A teoria sugere que o comportamento dos Estados não é moldado por um sistema, mas por discursos e ideias, que se alteram conforme marcos temporais e espaciais. Segundo Cox (1981), não se deve basear teoria em teoria, mas em um estudo empírico histórico no qual é possível verificar as mudanças práticas. Seria necessário, então, haver um diálogo entre a teoria e a realidade.

Assim, a teoria crítica difere do que ela chama de *teoria de resolução de problemas*, na qual se englobariam os institucionalistas e os realistas. A teoria de resolução de problemas não questionaria os padrões de relações e não levaria em consideração as mudanças temporais, ou seja, seria uma simplificação teórica pela qual se assumiria como universal um padrão estabelecido em um tempo histórico específico. Essa é uma crítica direta ao sistema anárquico, criado há mais de 300 anos e ainda considerado como uma premissa imutável.

Os teóricos críticos, por outro lado, não tomam a realidade como algo dado e imutável, já que o contexto histórico deve ser considerado e as mudanças, previstas. Desse modo, é necessário levar em conta mudanças constantes e uma ordem internacional não fixa, sendo, então, possível pensar em um sistema de Estados não mais autointeressados, mas preocupados com a comunidade internacional. Essa percepção se configura como uma alteração profunda da própria identidade egoísta das nações, prevista pelos realistas, e como uma mudança fundamental de suas relações. As instituições seriam, portanto, reflexo de uma estrutura histórica e de um contexto de forças que interagem mutuamente, conformado por capacidades materiais e ideias.

Síntese

Este primeiro capítulo teve como objetivo apresentar as diferentes visões sobre a origem e o papel das organizações internacionais (OIs), assim como analisar o debate teórico no campo das relações internacionais.

Mostramos como a demanda por cooperação internacional mais institucionalizada vem de longa data. Após a Paz de Westfalia (1648), quando a soberania dos Estados foi reconhecida, e posteriormente com o Concerto Europeu (1815), teve início um período de busca pela manutenção da paz pelas vias multilaterais.

Vimos que a expansão das relações internacionais criou, ao longo do tempo, e até os dias atuais, a necessidade de regulamentação e implementação de regras de convivência entre as nações. Além disso, as instituições multilaterais passaram a ser importantes espaços de diálogo e negociação.

Fizemos uma retrospectiva da evolução histórica de consolidação das OIs até chegarmos à Liga das Nações, que deu base para a construção da Organização das Nações Unidas (ONU), tema do segundo capítulo deste livro. Ademais, discutimos o papel das organizações na criação de um ambiente multilateral em que diferentes atores globais passam a conviver.

Por fim, resumimos os principais debates teóricos sobre as OIs, com a contraposição das ideias realistas e institucionalistas, que lideram as interpretações iniciais no campo das relações internacionais. Também contemplamos algumas abordagens teóricas mais recentes como contraponto às teorias neoclássicas, a exemplo do construtivismo e das teorias críticas, que ganharam espaço no período mais recente, pós-Guerra Fria.

Questões para revisão

1. A principal contribuição do debate teórico sobre o papel das OIs pode ser resumida na seguinte afirmação:
   a) Para os neorrealistas, as OIs têm papel marginal na mudança de comportamento dos Estados, pois estes mantêm como foco os ganhos relativos e a busca de interesses individuais. Para os neoinstitucionalistas, as OIs têm papel central como instrumentos indutores de cooperação.
   b) Para os neorrealistas, as OIs são ambientes de negociação que levam à mudança de postura dos Estados em favor do consenso e da cooperação. Para os neoinstitucionalistas, as OIs são meros espaços de diálogo, sem pretensão de aprofundamento da cooperação entre os Estados.
   c) Neorrealistas e neoinstitucionalistas convergem no que se refere à relevância da cooperação como garantidora da estabilidade do sistema internacional.
   d) Neorrealistas e neoinstitucionalistas divergem sobre o fato de que os Estados são os atores centrais do sistema internacional.
   e) Os neoinstitucionalistas defendem que as instituições internacionais são espaços temporários criados para que os Estados façam negociações pontuais.

2. As abordagens da teoria crítica ampliam o debate das teorias das relações internacionais por meio de qual conjunto de questões?

a) O sistema internacional passa a ser o espaço principal de atuação dos atores internacionais, mediados apenas pelas OIs.
b) Os Estados continuam a ser atores unitários do sistema internacional responsáveis pela definição da estrutura das OIs.
c) O poder político é a única variável que define a relação entre os atores nas relações internacionais.
d) As relações internacionais tornam-se mais complexas com a introdução de atores não estatais no cenário internacional, e outras variáveis ganham relevância para compreender o papel das OIs, como ideias, princípios e valores.
e) Os construtivistas se alinham às interpretações dos realistas sobre a interação cada vez maior de atores estatais e não estatais nos ambientes institucionais.

3. Qual das afirmações a seguir resume as principais interpretações da teoria crítica sobre o papel das OIs?
   a) A teoria crítica propõe uma ruptura da forma como o sistema internacional e as OIs são constituídos, sugerindo que os atores devem ser observados por seus discursos e por suas ideias.
   b) A teoria crítica propõe que os Estados determinam as relações no âmbito das OIs, com base na assimetria do poder político entre eles.
   c) A teoria crítica defende a definição de normas e procedimentos para as negociações multilaterais segundo o entendimento entre os Estados mais poderosos.

d) A teoria crítica se aproxima dos institucionalistas ao defender que os procedimentos institucionais mudam o comportamento dos Estados e garantem ganhos individuais.

e) A teoria crítica aproxima-se da chamada *teoria de resolução de problemas* ao buscar definições genéricas e a crença na permanente anarquia do sistema internacional.

4. Explique as diferenças entre o neorrealismo e o neoinstitucionalismo no que se refere ao papel das OIs no ordenamento do sistema internacional.

5. Compare a interpretação das perspectivas institucionalista e construtivista sobre as mudanças que as instituições internacionais podem causar no comportamento dos Estados.

Questões para reflexão

1. Com base nas diferentes interpretações teóricas sobre o papel das OIs, analise as mudanças acerca de sua relevância e a forma como foram ganhando complexidade ao longo das décadas.

2. Avalie o impacto que a introdução de atores não governamentais causa no âmbito das instituições internacionais dominadas pelos Estados.

Para saber mais

OS TREZE dias que abalaram o mundo. Direção: Roger Donaldson. EUA, 2000. 145 min.

Esse filme aborda a chamada *Crise dos Mísseis*, ocorrida em 1962, e contextualiza a relação de competição entre os Estados Unidos e a ex-União Soviética. Fornece subsídios para compreendermos as teorias das relações internacionais que embasam as interpretações sobre o papel das OIs.

Capítulo 2
Organização das Nações
Unidas (ONU)

Conteúdos do capítulo:

- Estrutura e funcionamento da Organização das Nações Unidas (ONU).
- Histórico de atuação da ONU durante a Guerra Fria.
- Mudanças na atuação da ONU no pós-Guerra Fria.
- Demandas por reformas na ONU.

Após o estudo deste capítulo, você será capaz de:

1. identificar os diferentes órgãos que compõem a ONU;
2. compreender como a conjuntura de eventos internacionais durante a Guerra Fria impactou o funcionamento e o escopo de atuação da organização;
3. analisar as diferentes demandas por reformas na estrutura da ONU.

(2.1)
ESTRUTURA DO SISTEMA ONU

Após o fim da Segunda Guerra Mundial, durante a Conferência de São Francisco, em 1945, foi fundada a Organização das Nações Unidas (ONU), com a assinatura de sua carta por 51 países. Atualmente, a ONU é composta por 193 Estados-membros, e o Sudão do Sul foi o último país a aderir à organização até o momento, em 2011.

> Cabe destacarmos o papel da brasileira Bertha Lutz (1894-1976) na elaboração da Carta da ONU: ela foi uma das responsáveis por garantir a inclusão da igualdade de gênero em seu conteúdo. No preâmbulo do documento, portanto, já consta a indicação da igualdade de direito dos homens e das mulheres.

A organização tem sedes oficiais em quatro países: Estados Unidos (Nova Iorque), Suíça (Genebra), Quênia (Nairóbi) e Áustria (Viena), além de escritórios e representações na maioria de seus Estados-membros. No Brasil, a ONU tem representação fixa desde 1947, com escritórios concentrados em Brasília, mas também no Rio de Janeiro e em outras cidades do país.

Segundo sua carta constitutiva, o propósito central da organização é manter a paz e a segurança internacionais por meio de ações coletivas, baseadas em instrumentos pacíficos de solução de controvérsia e no direito internacional. Cabe ressaltarmos que a ONU está calcada no princípio da segurança coletiva, partindo do pressuposto de que a agressão a um dos Estados-membros significa agressão a todos, ao mesmo tempo que exige o consentimento e a chancela internacional para o uso do direito à força (exceto para casos de legítima defesa), dando sempre primazia à resolução pacífica dos conflitos. Para a atuação ser efetiva, a ONU considera a premissa de que os Estados-membros estariam predispostos a cooperar e a confiar mutuamente nos demais.

A ONU acaba incorporando e modificando fatores presentes nos arranjos institucionais anteriores, para tentar garantir um êxito maior que o da antecessora imediata, a Liga das Nações. Assim como a Liga, que já funcionava segundo uma lógica organizativa de conselho e assembleia, a ONU se estrutura de forma semelhante, por seis grandes órgãos: Assembleia Geral, Conselho de Segurança, Conselho Econômico e Social (Ecosoc), Corte Internacional de Justiça (CIJ), Secretariado e Conselho de Tutela. Cada um desses órgãos será detalhado a seguir.

Assembleia Geral

A Assembleia Geral é o órgão mais representativo da ONU, no qual cada Estado-membro tem direito a participar e a votar. Cabe à Assembleia iniciar estudos e fazer recomendações sobre questões relativas à manutenção da paz, incentivando a cooperação internacional, sobretudo no que tange aos temas econômicos, sociais, culturais e educacionais. Também aprova a admissão de novos membros na organização, bem como elege os membros não permanentes de outros órgãos, como o Conselho de Segurança, e os membros do Ecosoc e do Conselho de Tutela, além de votar – junto com o Conselho de Segurança – para designar juízes à CIJ e o próprio secretário-geral da organização.

A Assembleia ainda aprova o orçamento da organização e pode fazer recomendações diretas ao Conselho de Segurança. O órgão se reúne em sessões regulares uma vez ao ano, geralmente em setembro, com discurso inaugural proferido pelo Brasil – um costume consolidado a partir de 1955. Algumas fontes atribuem esse costume ao fato de o Brasil ser considerado uma nação mais neutra.

Estão vinculados à gerência da Assembleia Geral programas e fundos das Nações Unidas, como o Programa das Nações Unidas para o Desenvolvimento (Pnud), o Programa das Nações Unidas para o Meio Ambiente (Pnuma), o Alto Comissariado das Nações Unidas para Refugiados (Acnur), o Fundo das Nações Unidas para a Infância (Unicef) e a ONU Mulheres. Além disso, a Assembleia também tem outros órgãos subsidiários, como o Conselho de Direitos Humanos e a Comissão de Desarmamento.

Conselho de Segurança

O Conselho de Segurança tem como atribuição primordial uma ação eficaz pela manutenção da paz e da segurança internacionais. O Conselho privilegia a solução pacífica de controvérsias (conforme indicado no Capítulo VII da Carta da ONU), mas também pode aprovar, quando necessário, medidas de intervenção aéreas, navais ou terrestres para manter ou restabelecer a paz e/ou sanções aos Estados agressores (embargos, boicotes, corte de relações diplomáticas ou econômicas etc.). A Carta, em seu art. 51, ainda prevê o direito de legítima defesa individual ou coletiva em casos de agressões armadas contra qualquer Estado-membro da ONU (ONU, 2009).

O órgão é formado por cinco membros permanentes – vencedores da Segunda Guerra Mundial, ou seja, China, Estados Unidos, França, Reino Unido e Rússia (então União Soviética) — e dez membros não permanentes, eleitos a cada dois anos (sem possibilidade de reeleição imediata), conforme critérios relacionados à sua contribuição à ONU, com uma distribuição geográfica equitativa: cinco nações da África e da Ásia, duas da América Latina, duas da Europa Ocidental e uma da Europa Oriental.

> Uma das poucas emendas aprovadas na Carta da ONU diz respeito à composição do Conselho de Segurança. Após uma mobilização realizada sobretudo por países asiáticos, africanos e latino-americanos, a resolução chamada de *Questão de representação equitativa no Conselho de Segurança e no Conselho Econômico e Social* foi aprovada em 1963, entrando em vigor dois anos mais tarde. Essa resolução modifica o art. 23 da Carta da ONU, pois cria quatro novos assentos não permanentes no Conselho, que originalmente tinha apenas seis.

O Conselho também conta com órgãos subsidiários para apoiar seu trabalho, como o Comitê contra o Terrorismo, o Comitê das Forças Armadas, o Comitê de Não Proliferação, os Comitês de Sanções (*ad hoc*, ou seja, não permanentes, criados conforme demandas pontuais), bem como os Tribunais Penais Internacionais para Ruanda e para a ex-Iugoslávia, entre outros.

Tendo em vista suas atribuições de manutenção da paz e da segurança internacionais, cabe também ao Conselho determinar quando e onde uma operação de paz da ONU deve ser realizada, já que é nesse órgão que o tamanho e o mandato de uma operação de paz são estabelecidos como uma resposta a crises. Também é responsabilidade do referido órgão monitorar as operações de paz e elaborar relatórios periódicos ao secretário-geral das Nações Unidas. O funcionamento do Conselho é contínuo e podem ser convocadas reuniões a qualquer hora.

Tanto o formato de operação como as atribuições do Conselho de Segurança buscaram corrigir erros e evitar o fracasso da antecessora Liga das Nações. Apesar de a Liga já ter previsto uma posição privilegiada das grandes potências como membros permanentes, o Conselho de Segurança soma a isso o poder de veto, que significa o voto negativo de alguma das cinco potências, evitando-se a aprovação de qualquer medida sem o consenso absoluto. Esse veto serviria como uma forma de congelar o processo decisório de modo a não haver abalos incontornáveis ao sistema (Herz; Hoffmann, 2004). Outra mudança em relação à Liga das Nações é o caráter mandatório das decisões aprovadas no Conselho de Segurança, o único órgão das Nações Unidas que pode aprovar resoluções desse tipo.

Conselho Econômico e Social (Ecosoc)

O Conselho Econômico e Social (Ecosoc) é responsável por realizar relatórios e fazer recomendações à Assembleia Geral sobre temas de caráter econômico, social, cultural e educacional. Também compete ao Ecosoc coordenar e monitorar as ações das agências especializadas, tais como a Organização Internacional do Trabalho (OIT), a Organização das Nações Unidas para a Educação, a Ciência e a Cultura (Unesco), a Organização Mundial da Saúde (OMS), o grupo do Banco Mundial (BM), o Fundo Monetário Internacional (FMI) e a União Internacional das Telecomunicações (UIT).

Cabe ressaltarmos que as agências especializadas são organizações autônomas, com funcionários e orçamento próprios, que trabalham em cooperação com as Nações Unidas – diferentemente dos programas e dos fundos, que são dependentes da estrutura da ONU. A relação das agências especializadas com a ONU é estabelecida por meio de acordos negociados, e muitas delas são mais antigas que a própria ONU, como a UIT e a OIT.

O Ecosoc é composto por 54 membros, também distribuídos conforme a representação geográfica: 14 da África, 11 da Ásia, 6 da Europa Oriental, 10 da América Latina e Caribe e 13 da Europa Ocidental. O mandato de seus membros é de três anos, e cada membro tem direito a um voto. Reúnem-se quando necessário.

> Assim como o Conselho de Segurança, o Ecosoc também teve sua composição modificada por duas emendas: a primeira (em 1965) alterou o número original de membros de 18 para 27; a segunda (em 1973) mudou esse número de 27 para os atuais 54 membros.

Corte Internacional de Justiça (CIJ)

A Corte Internacional de Justiça (CIJ) é o principal órgão judiciário da ONU, que sucede a Corte Permanente de Justiça Internacional, criada no âmbito da Liga das Nações. É composta por 15 juízes independentes, sem serem consideradas suas nacionalidades, mas não podendo haver dois nacionais do mesmo Estado. Os membros são eleitos em votações separadas na Assembleia Geral e no Conselho de Segurança, a partir de uma lista indicada pela Corte Permanente de Arbitragem, que deve apontar pessoas de alta função judiciária em seu país de origem ou de grande reconhecimento no direito internacional. O mandato é de nove anos, com possibilidade de reeleição. A sede da CIJ está em Haia, na Holanda.

> A Corte Permanente de Arbitragem é uma organização internacional e intergovernamental que antecede a própria criação da ONU. Foi estabelecida em 1899 com o objetivo de intermediar e promover a resolução de controvérsias no âmbito internacional, por meio de árbitros independentes.

À Corte compete atuar apenas em casos que envolvam Estados-parte do Estatuto da CIJ, ou seja, não há acusação de indivíduos[1] e apenas Estados podem promover uma petição ao órgão sobre temas previstos na Carta da ONU e em tratados e convenções

---

1 Notemos aqui a diferença entre a Corte Internacional de Justiça e o Tribunal Penal Internacional (TPI); este último será abordado posteriormente neste livro, no capítulo sobre regimes de direitos humanos. O TPI trata casos de culpabilização criminal de indivíduos.

internacionais vigentes, incluindo-se, por exemplo, soluções de controvérsias e questões de violação de compromissos internacionais. A CIJ também tem uma função consultiva e pode emitir pareceres jurídicos quando solicitados pela Assembleia Geral e pelo Conselho de Segurança ou outros órgãos da ONU.

Até o momento, o Brasil teve cinco juízes como membros da Corte: José Philadelpho de Barros e Azevedo (1946-1951), Levi Fernandes Carneiro (1951-1955), José Sette Camara (1979-1988), Francisco Rezek (1996-2006) e, ainda em mandato vigente em 2020, Antônio Augusto Cançado Trindade (desde 2009, reeleito para o posto em 2017).

Secretariado

O Secretariado é composto pelo secretário-geral, principal funcionário administrativo da ONU, e sua equipe de funcionários, que já ultrapassa 37 mil pessoas (dado de 2018 contido no relatório referente à Resolução A/74/82 (ONU, 2019), submetida na Assembleia Geral), organizadas em departamentos e escritórios. Entre essas áreas, destacamos o Departamento de Operações de Paz (DPO), o Escritório de Coordenação de Assuntos Humanitários (Ocha), o Alto Comissariado das Nações Unidas para os Direitos Humanos (ACNUDH), além de outros escritórios fora da sede em Nova Iorque. Sob o guarda-chuva do Secretariado estão as comissões regionais – que também respondem ao Ecosoc –, como a Comissão Econômica para a América Latina e o Caribe (Cepal).

Cabe ao secretário-geral fazer um relatório anual para a Assembleia Geral sobre as atividades realizadas pela ONU. Além disso, segundo o art. 99 da Carta da ONU, o secretário-geral poderá chamar a atenção do Conselho de Segurança para quaisquer questões que, em sua opinião, possam ameaçar a paz e a segurança internacionais (ONU,

2009), o que demonstra certa possibilidade de influência no Conselho de Segurança.

O secretário-geral é indicado pela Assembleia Geral mediante recomendação do Conselho de Segurança. Seu mandato é de cinco anos, com possibilidade de renovação. Seu papel, para além da gestão administrativa da ONU, também se centra em sua figura político-diplomática, já que muitas vezes é o porta-voz da organização. Uma atuação mais ou menos destacada do secretário-geral acaba por também ser influenciada pelo próprio perfil pessoal do ocupante do cargo.

A ONU está atualmente (em 2020) no mandato de seu nono secretário-geral, António Guterres, ex-primeiro-ministro de Portugal e ex-alto comissário da ONU para refugiados. Entre seus predecessores, podemos citar o sueco Dag Hammarskjöld (1953-1961), que ganhou reconhecimento pela negociação em conflitos como o do Congo e pelo desenho de operações de paz; o egípcio Boutros Boutros-Ghali (1992-1996), criador da *Agenda para a paz*, mas que foi criticado pelo seu papel considerado passivo no genocídio de Ruanda; e o ganês Kofi Annan (1997-2006), primeiro secretário-geral proveniente da África Subsaariana e primeiro funcionário de carreira da ONU a alcançar o posto, ganhador do Prêmio Nobel da Paz, que teve papel de relevância na luta mundial contra o HIV-aids, mas que também recebeu críticas sobre a posição da ONU na Guerra do Iraque.

> A *Agenda para a paz* é um relatório produzido em 1992 pelo secretário-geral com recomendações para fortalecer a capacidade do sistema ONU em promover a diplomacia preventiva e a manutenção da paz.

Cabe enfatizarmos, no entanto, que nenhuma mulher ainda ocupou o cargo, questão que foi, aliás, alvo de críticas à ONU no último processo eleitoral em 2016, considerado, contudo, o mais transparente da história da organização.

Conselho de Tutela

O Conselho de Tutela é responsável por monitorar e administrar os territórios sob tutela internacional da ONU, ou seja, administrados ou por um Estado-membro ou pela própria ONU; em grande parte, países que passaram por processos de descolonização mais recente, como Papua e Nova Guiné, Camarões, Somália, entre outros. O Palau foi o último território tutelado pela ONU, tornando-se Estado soberano em 1994, quando a organização decidiu suspender as atividades do Conselho, inativo desde então. Alguns afirmam que a Carta da ONU não foi efetivamente emendada para a total extinção do Conselho de Tutela pelo fato de este conter um registro histórico e relevante do processo de descolonização que envolveu dezenas de países.

O Conselho era formado pelos cinco membros permanentes do Conselho de Segurança, todos os países que administravam territórios tutelados e outros membros, de forma a equilibrar a representação entre países administradores e aqueles que não o eram.

(2.2)
A ONU durante a Guerra Fria

No fim dos anos 1940, apesar de o mundo não imaginar que seria possível a emergência de uma nova grande guerra após o término da Segunda Guerra Mundial, as divergências ideológicas e políticas entre a antiga União Soviética e os Estados Unidos tornaram-se inconciliáveis, resultando em uma guerra que durou mais de quatro décadas.

Durante esse período, as Nações Unidas viram seu sistema travado, com uma série de vetos no Conselho de Segurança das potências rivais. O uso do Conselho pelos Estados Unidos nos anos 1950 para apoio internacional a uma intervenção na Guerra da Coreia só demonstrou que seria impossível a conclusão de acordos relativos a questões de segurança no órgão. Resoluções foram aprovadas apenas no breve período em que a União Soviética não participou do órgão, em um movimento de boicote à ONU por conta da não participação do então governo comunista chinês no Conselho de Segurança (Carswell, 2013). A delegação chinesa foi representada pelo governo de Taiwan (que tinha apoio do bloco ocidental) até os anos 1970.

A ONU foi de alguma forma instrumentalizada para respaldar interesses das potências ocidentais, como a aprovação da Resolução n. 377, intitulada *Unindo pela paz*, da Assembleia Geral, que previa a convocação emergencial da Assembleia em casos de impasse no Conselho de Segurança, garantindo a aprovação de resoluções favoráveis aos interesses ocidentais, já que o bloco ocidental era a maioria representada na Assembleia (Carswell, 2013). A própria legitimidade da organização foi posta à prova com essas manobras institucionais e políticas, e a figura do então secretário-geral do período, Trygve Lie, foi duramente questionada, sobretudo pela União Soviética, o que o levou a renunciar ao cargo em 1952. Por outro lado, reforçando o papel da ONU no período, Sayward (2013) afirma que as superpotências gastaram grande energia diplomática tanto para evitar críticas da organização, sobretudo no tocante aos direitos humanos, quanto para promover pautas de desenvolvimento no Terceiro Mundo, conforme abordaremos a seguir.

Em razão do travamento das negociações no sistema ONU, questões ligadas à Guerra Fria passaram a ser resolvidas em outros espaços institucionais, e a ONU ganhou mais relevância no desenho de missões de paz – ainda com escopo menor, mais focado no monitoramento do cessar-fogo para assegurar uma solução pacífica dos conflitos – e nos processos de descolonização, sobretudo do continente africano, como no caso da Argélia e do Congo.

Apesar de constituírem processos paralelos, os conflitos de independência e a Guerra Fria tiveram impactos mútuos, e muitas vezes a bipolaridade do período foi instrumentalizada pelas potências nos processos de independência, por meio de apoios econômicos e militares. Após a morte do secretário-geral Dag Hammarskjöld em um atentado contra o avião em que estava, no Congo, em 1961, a União Soviética sugeriu que o Secretariado funcionasse por meio de uma *troika*, transpondo a lógica do Conselho de Segurança: seriam três representantes – um neutro, um alinhado à União Soviética e um aliado aos Estados Unidos. A sugestão não foi acatada, mas reflete a divisão à qual a ONU também era submetida.

A independência de inúmeros países dos continentes africano e asiático e do Oriente Médio, em um período entre o fim dos anos 1950 até os anos 1970, acabou por alterar a estrutura diplomática internacional. Se, em 1950, a ONU tinha 60 Estados-membros, em 1960, passou a ter 99 membros, o que gerou impactos diretos em sua composição e deu início a uma mobilização mais organizada por reformas institucionais. A própria aprovação, em 1963, das emendas à Carta da ONU, que previam a alteração do número de assentos no Conselho de Segurança e no Ecosoc, foi reflexo direto dessa mobilização de novos Estados-membros, que começaram a questionar as posições ocidentais preponderantes da organização.

Tendo em vista a mudança da conjuntura internacional, nos anos 1960, passou-se a abordar a questão do desenvolvimento como central na ONU. Em 1964, foi realizada a primeira Conferência das Nações Unidas sobre Comércio e Desenvolvimento (Unctad), com a criação do G77, grupo de Estados-membros em desenvolvimento, com o objetivo de articular os interesses desses países, fortalecendo sua capacidade e seu poder de negociação no órgão.

Os anos 1960 foram também declarados pela ONU como a Década do Desenvolvimento, com a publicação do relatório *A década do desenvolvimento nas Nações Unidas: propostas para ação*. Segundo U Thant, secretário-geral eleito após a rejeição da proposta soviética da *troika*, o desenvolvimento não diz respeito apenas às necessidades materiais, mas também à melhoria das condições sociais. Logo, o desenvolvimento não seria somente crescimento econômico, mas crescimento mais mudança. Em 1965, foi criado o Programa das Nações Unidas para o Desenvolvimento (Pnud), para articular as ações de desenvolvimento da ONU. Atualmente, o Pnud teve seu escopo ampliado, visto que é responsável por fazer uma gestão articulada de todas as iniciativas de desenvolvimento de agências, fundos e programas por meio da coordenação e do financiamento das chamadas *equipes de país* da ONU, lideradas pela figura de um coordenador residente.

Os anos 1970 foram marcados por uma série de conferências sobre temas inéditos na organização e que acabaram por contribuir com o debate a respeito dessa visão mais ampla de desenvolvimento que passou a ser defendida, ainda que de forma desarticulada. Em 1972, foi realizada em Estocolmo a Conferência das Nações Unidas sobre o Meio Ambiente Humano; em 1974, a Conferência Mundial sobre População; em 1975, a Conferência Mundial sobre a Mulher; em 1976, a Conferência Mundial sobre Assentamentos Humanos (Habitat I); em 1979, a Conferência sobre Ciência, Tecnologia e Desenvolvimento.

Após a realização dessas conferências temáticas, é possível notar que a organização conferiu maior destaque a temas ligados ao crescimento demográfico mundial e urbano, que, apesar de já ser uma realidade na época, era até então pouco debatido. Passou-se também a dar maior centralidade à questão de gênero, a qual, mesmo com a existência de uma Comissão sobre o *Status* da Mulher no âmbito da Ecosoc, era ainda muito pouco abordada. Nos anos 1970, a mulher passou a ser reconhecida como fundamental no processo de desenvolvimento e, em 1979, foi aprovada, na Assembleia Geral, a Convenção sobre a Eliminação de Todas as Formas de Discriminação contra a Mulher (Cedaw). Por fim, a questão do meio ambiente também ganhou mais centralidade na agenda da ONU nesse período, com a criação do Programa das Nações Unidas para o Meio Ambiente (Pnuma) após a realização da Conferência de Estocolmo.

Os anos 1980 foram marcados por uma recessão econômica que acabou culminando na interrupção de esforços das Nações Unidas em relação à pauta do desenvolvimento. A "década perdida" para o desenvolvimento na ONU acabou dando ênfase à atuação de outras organizações do sistema financeiro e monetário, como o Fundo Monetário Internacional (FMI) e o Banco Mundial (BM) – duas agências especializadas que cooperam com o sistema ONU, mas que são autônomas – e a Organização Mundial do Comércio (OMC).

(2.3)
O fim da Guerra Fria e as mudanças na ONU

O fim da Guerra Fria teve implicações diretas no sistema ONU. A falta de consenso que marcou o período deu lugar a uma maior predisposição dos países para cooperar nas mesas de negociação da ONU. A dissolução da União Soviética e os processos de independência de novos países, bem como a eclosão de novas guerras não mais interestatais, mas civis e étnicas, acabaram por aumentar a demanda por operações de paz e ampliaram o escopo destas, que passaram a ter mais atribuições e um mandato mais definido e multidimensional.

A Guerra do Golfo, nos anos 1990, também acabou produzindo o que foi chamado de *efeito CNN*, em que as informações do conflito eram noticiadas em tempo real pelas emissoras de televisão, o que gerava maior pressão pública por intervenções humanitárias. Foi também nesse período que foram criados os tribunais ad hoc para julgar crimes de guerra e genocídios perpetrados por indivíduos em conflitos específicos, como o Tribunal Penal Internacional para Ruanda e o Tribunal Penal Internacional para a ex-Iugoslávia.

Os anos 1990 pós-Guerra Fria também foram marcados por uma nova visão de desenvolvimento empregada pela ONU. Passou-se a falar em *desenvolvimento humano*, para além do próprio desenvolvimento econômico. Esse conceito, cunhado por Amartya Sen, professor da Universidade de Harvard, começou a permear uma visão mais ampla e multidimensional, englobando questões de direitos humanos, de desenvolvimento sustentável e de participação e igualdade de gênero.

Durante a Cúpula da Terra, ou COP-21, realizada em 1992 no Rio de Janeiro, foi definida a chamada *Agenda 21*, um programa de ação detalhado que buscava reverter o padrão de desenvolvimento daquele momento, considerado insustentável. Tendo em vista uma nova conjuntura internacional, as Nações Unidas também se organizaram para o cumprimento dos Objetivos de Desenvolvimento do Milênio (ODMs), uma agenda com oito metas a serem alcançadas até 2015:

1. fim da fome e da miséria;
2. educação básica para todos;
3. igualdade de gênero e autonomia para as mulheres;
4. redução da mortalidade infantil;
5. melhoria da saúde das gestantes;
6. combate à aids, à malária e a outras doenças;
7. garantia da qualidade de vida e respeito ao meio ambiente;
8. estabelecimento de parcerias para o desenvolvimento.

Além da própria mobilização para se atingirem os ODMs, os anos 2000 acabaram centrando-se nos novos desafios da ordem mundial. Segundo o relatório *Um mundo mais seguro: nossa responsabilidade compartilhada* (ONU, 2004b), encomendado pelo então secretário-geral da ONU, Kofi Annan, a um grupo de especialistas internacionais, a comunidade mundial teria seis grandes desafios contemporâneos para lidar:

1. a pobreza contínua e a degradação ambiental;
2. o terrorismo;
3. as guerras civis;
4. os conflitos entre Estados;
5. a proliferação de armas de destruição em massa;
6. o crime organizado.

O mesmo documento enfatiza a questão da segurança humana como central para a prevenção de ameaças (aspecto que será abordado mais adiante, no capítulo sobre regimes internacionais de segurança).

Com a mudança de conjuntura política internacional, o descongelamento do poder de decisão da ONU e seus novos focos de atuação, acaloraram-se novamente os debates sobre sua reforma institucional.

(2.4)
O DEBATE SOBRE A REFORMA DA ONU

O pós-Guerra Fria trouxe a lume novamente questões sobre a estrutura e a operacionalização das atividades da ONU. A manutenção do grande número de missões de paz acabou também por colocar em pauta os problemas de financiamento e a ausência de capacidade militar da organização. A própria efetividade de sua estrutura, com relação, por exemplo, à sobreposição das atribuições dos órgãos, igualmente passou a ser mais questionada, bem como as dificuldades de coordenação dos trabalhos das agências especializadas.

Após o "descongelamento" da ONU, outro debate que surgiu foi o relativo à representatividade de seu processo decisório. A prerrogativa do assento permanente no Conselho de Segurança, criada em um contexto do pós-Segunda Guerra Mundial para garantir a manutenção de um sistema internacional pacífico, não mais era compatível com a realidade dos anos 1990. A ONU dessa década já contava com mais de 150 países-membros, e a representação no Conselho de Segurança era de menos de 10% de toda a organização.

Logo, a discussão tratava da busca de um equilíbrio maior de poder entre o Conselho de Segurança e a Assembleia Geral, ou ampliando o poder decisório da Assembleia Geral – que é mais representativo –, ou ampliando a representatividade do Conselho de Segurança. Com relação a este último ponto, no que diz respeito sobretudo à ampliação do número de membros do Conselho de Segurança, nunca houve um consenso. A inclusão de novos países como membros permanentes é uma demanda de grandes potências atuais, como Alemanha e Japão – derrotadas no pós-guerra – e até do Brasil, considerado um dos principais países em desenvolvimento.

Questionava-se quais seriam os critérios para a inclusão de novos membros nessa categoria: Seria seu poderio econômico, o tamanho de sua população, sua contribuição às Nações Unidas ou a representação equitativa do componente geográfico? Uma maior representatividade não afetaria a própria agilidade do processo decisório do Conselho, que deve ser acionado em momentos de crise para uma tomada de decisão rápida e efetiva?

A mudança do sistema de veto também foi amplamente discutida, tendo sido cogitada até mesmo a criação de uma nova categoria, a de membros semipermanentes, sem direito a veto. Também já se sugeriu a limitação do poder de veto para algumas temáticas específicas a fim de evitar o travamento do poder decisório do Conselho.

As dificuldades de consenso sobre esse ponto da reforma tornam a questão ainda mais complexa, pois qualquer alteração da representatividade do Conselho deve ser feita por meio de aprovação de emendas à própria Carta da ONU, o que exige aprovação de maioria qualificada de dois terços na Assembleia Geral e de nove membros do Conselho de Segurança, incluindo os cinco membros permanentes.

Com a crescente demanda por mudanças na composição do Conselho de Segurança, em 1994 foi criado o Grupo de Trabalho sobre Representação Equitativa e Expansão do Conselho de Segurança. Esse grupo passou a emitir relatórios à Assembleia Geral sobre a questão. O impasse é tão grande que o grupo existe há 25 anos sem conseguir chegar a alguma definição.

Tentativas de se alterar a composição do Conselho chegaram a ganhar maior mobilização na ONU, apesar de não terem sido aprovadas posteriormente. Esse é o caso do chamado G4, grupo formado por Alemanha, Brasil, Índia e Japão em 2004, que apresentou um projeto de ampliação do Conselho, o qual passaria a ter o total de 25 membros, com 6 novos assentos permanentes e 4 novos assentos não permanentes; ambas as categorias seriam distribuídas geograficamente. A questão do veto não seria alterada inicialmente, mas uma reavaliação deveria ser realizada após 15 anos de sua vigência, período durante o qual os novos membros permanentes não poderiam usar seu poder de veto (ONU, 2005). Além do G4, o grupo L69, de países em desenvolvimento, também se organizou para demandar coletivamente a expansão do número de representantes no órgão.

Outros debates relacionados à reforma institucional da ONU propunham a incorporação de canais mais representativos de outros atores não governamentais. Em 2004, o então secretário-geral, Kofi

Annan, solicitou a um painel de especialistas a elaboração de um relatório com recomendações a partir de uma revisão dos procedimentos da ONU sobre a participação da sociedade civil. O chamado *Relatório Cardoso* (ONU, 2004a) ressalta a importância de melhorar o diálogo e a cooperação com a sociedade civil para justamente tornar a ONU mais eficiente em uma nova conjuntura de mudanças no multilateralismo. O relatório, contudo, enfatiza que o caráter de fórum intergovernamental deve ser preservado e que o objetivo não é apenas expandir os espaços de negociação para a sociedade civil, mas melhorar qualitativamente essa participação por meio da seletividade dos atores. O relatório também destaca a importância de articular outros atores, provenientes do setor privado e de governos locais, por exemplo.

> O nome *Relatório Cardoso* é uma referência ao ex-presidente brasileiro Fernando Henrique Cardoso, então coordenador do grupo de especialistas que produziu o documento, originalmente denominado *We the peoples: civil society, the United Nations and Global Governance* (ONU, 2004a).

Atualmente, as Nações Unidas já têm mecanismos de associação de organizações não governamentais (ONGs) a seus órgãos ou a suas agências. Os processos se dão diretamente com cada órgão ou agência, não havendo um instrumento unificador, uma das sugestões do próprio *Relatório Cardoso* – que ainda indica que o processo deveria estar sob a gestão da Assembleia Geral, pouco envolvida com a participação da sociedade civil, ficando esta mais concentrada no escopo do Ecosoc. Desde 1946, o Ecosoc permite a afiliação de ONGs por meio da obtenção de um *status* consultivo. Hoje, mais de cinco mil ONGs já têm esse *status* segundo dados do Departamento de Assuntos Econômicos e Sociais do Secretariado da ONU.

Síntese

Neste segundo capítulo, procuramos trazer as principais características da estrutura do sistema da Organização das Nações Unidas (ONU), que foi criada em 1945, após a Segunda Guerra Mundial, carregando o fardo das atrocidades vividas durante essa guerra e do fracasso da organização que a antecedeu, a Liga das Nações.

Como vimos, a ONU teve o desafio de atuar nas pautas de segurança internacional, buscando ser efetiva na manutenção de uma paz mundial sustentável. Para isso, atua por meio de seis grandes órgãos: Assembleia Geral, Conselho de Segurança, Conselho Econômico e Social (Ecosoc), a Corte Internacional de Justiça (CIJ), Secretariado e Conselho de Tutela. Cada um tem atribuições previstas na própria Carta da ONU.

Apesar de grande reconhecimento internacional, a ONU viu sua atuação muito influenciada pelo contexto internacional da Guerra Fria, e grandes potências acabaram por instrumentalizar a organização conforme seus interesses relacionados ao conflito, o que resultou em questionamentos sobre a legitimidade da ONU como instituição imparcial. Destacamos que, ao longo da Guerra Fria, a organização passou a dar centralidade a uma pauta de desenvolvimento mais ampla, que considerava questões relativas ao meio ambiente e aos direitos humanos. Durante esse período de conflito, também começou a atuar mais diretamente com a pauta humanitária, organizando as primeiras missões de paz.

Tratamos, ainda, do papel da ONU no período pós-Guerra Fria, quando foram reativados debates sobre a reforma da organização, que já não mais atendia às demandas de todos os países-membros, com muitos deles clamando por maior representatividade, sobretudo no Conselho de Segurança. Mesmo após meio século de discussões, o Conselho continua atuando com apenas cinco países-membros permanentes, os vencedores da Segunda Guerra Mundial. Por fim, vimos que a virada do milênio trouxe novas demandas por desenvolvimento que acabaram sendo incorporadas na agenda de atuação da ONU, como a articulação com atores não estatais e representantes da sociedade civil.

Questões para revisão

1. Sobre as características gerais da ONU, é **incorreto** afirmar:
   a) A ONU não seguiu o modelo de segurança coletiva adotado por sua antecessora, a Liga das Nações, justamente em razão do fracasso desta ao não conseguir evitar a eclosão da Segunda Guerra Mundial.
   b) O documento fundador da organização é a Carta da ONU, elaborada em 1945, na qual constam os princípios norteadores, entre eles a necessidade de autorização internacional para o uso da força.
   c) Para evitar a ruptura do sistema internacional em momentos de crise, a ONU criou o mecanismo de veto no Conselho de Segurança, pelo qual as cinco nações vencedoras da Segunda Guerra Mundial têm o poder de vetar resoluções do Conselho.
   d) O número de Estados-membros da ONU cresceu exponencialmente ao longo das últimas décadas, resultando em uma maior pressão por representatividade na organização, sobretudo no Conselho de Segurança.
   e) A ONU tem como principal objetivo orientador a manutenção da paz e da segurança internacionais.

2. Quanto à atuação da ONU durante a Guerra Fria, verifique quais afirmações são verdadeiras (V) ou falsas (F).

( ) As resoluções do Conselho de Segurança tiveram grande impacto no contexto da Guerra Fria, já que as principais potências do conflito são membros permanentes do órgão.

( ) Por ter seu processo decisório de alguma forma travado em virtude dos vetos no Conselho de Segurança, a ONU passou a ter um papel de maior relevância na organização de missões de paz.

( ) Apesar de estar imersa no contexto da Guerra Fria, a ONU conseguiu manter sua legitimidade inabalada por ser considerada uma organização neutra que visa primordialmente à paz internacional.

( ) A ONU passou a abordar, de forma central em sua agenda, a questão do desenvolvimento, e a década de 1960 foi proclamada a Década do Desenvolvimento, com a criação do Programa das Nações Unidas para o Desenvolvimento (Pnud).

( ) A ONU considera o desenvolvimento de forma ampla e holística, dialogando com temas como meio ambiente e gênero, que passaram a ser considerados na agenda da organização, mobilizando o foco de órgãos e agências.

Agora, marque a alternativa que indica a sequência correta:

a) V, V, V, V, V.
b) V, V, F, V, V.
c) V, V, F, V, F.
d) V, V, F, F, V.
e) F, F, V, V, V.

3. Com relação ao debate sobre a reforma da ONU, aponte a alternativa **incorreta**:
   a) A insatisfação quanto à representatividade dos países no Conselho de Segurança resultou em uma emenda à Carta da ONU, o que expandiu o número de assentos do referido órgão.
   b) Coalizões e grupos de países se articularam para reivindicar maior representatividade, sobretudo no Conselho de Segurança, demandando um maior número de assentos permanentes.
   c) Apesar das demandas por maior representatividade, não há consenso sobre o número de assentos permanentes que o Conselho de Segurança deve ter ou sobre a necessidade de restringir ou expandir o poder de veto dos países participantes.
   d) A demanda por maior representatividade na ONU é recente, com um movimento organizado dos países em desenvolvimento sobretudo a partir de 2010, ganhando destaque o papel do Brasil.
   e) Também se discute a possibilidade de aumentar o poder das decisões tomadas na Assembleia Geral, órgão de ampla representatividade da ONU, em que cada Estado-membro tem direito a um voto.

4. Analise o peso do poder de veto do Conselho de Segurança na estrutura das Nações Unidas.

5. Discuta o papel da ONU na garantia da governança global.

Questões para reflexão

1. Reflita sobre a relevância e a legitimidade da ONU, organização que é, muitas vezes, colocada em xeque por críticas sobre sua efetividade. Qual seria a atual importância de uma instituição como a ONU?

2. Analise os motivos pelos quais a ONU carece de reformas em sua estrutura e as implicações que essas mudanças acarretariam à sua atuação.

Para saber mais

ONU – Organização das Nações Unidas. **Carta das Nações Unidas e o Estatuto do Tribunal Internacional de Justiça**. Nova Iorque: Departamento de Informação Pública da ONU, 2009. Disponível em: <https://unric.org/pt/wp-content/uploads/sites/9/2009/10/Carta-das-Nações-Unidas.pdf>. Acesso em: 4 nov. 2020.

Acessando esse *link*, você poderá conhecer na íntegra a Carta das Nações Unidas, documento de grande relevância para uma melhor compreensão das atribuições e do funcionamento da ONU.

Capítulo 3
Regimes internacionais
de segurança

Conteúdos do capítulo:

- A centralidade do tema da segurança no estudo das relações internacionais.
- O papel das organizações internacionais (OIs) no tratamento da segurança internacional.
- A relevância das operações de paz na manutenção da segurança.
- Novos desafios da segurança internacional.

Após o estudo deste capítulo, você será capaz de:

1. compreender a evolução do conceito de *segurança internacional* após a Segunda Guerra Mundial;
2. entender como as OIs são importantes para garantir a segurança e evitar o conflito entre os Estados;
3. analisar as novas ameaças à segurança internacional que desafiam as ações das OIs.

A questão da segurança é tema central nos estudos clássicos das relações internacionais, sobretudo se levarmos em consideração um sistema anárquico de Estados que, segundo a perspectiva realista, buscariam primordialmente sua sobrevivência. Assim, conforme Bellamy (2008), os dois principais garantidores da segurança estatal seriam os princípios de soberania e da não intervenção.

O tema passou a ganhar ainda maior centralidade no século XX com a eclosão das duas grandes guerras e com a Guerra Fria. O fim da Segunda Guerra Mundial reforçou as desavenças entre as grandes potências aliadas vencedoras que já vinham se consolidando durante o conflito. Sem terem mais um inimigo comum, o nazismo, os estadunidenses (com o apoio dos britânicos) e os soviéticos passaram a construir um cenário de desconfianças baseado na segurança estatal, o que contribuiu para o início da Guerra Fria. No pós-guerra, ambas as potências – Estados Unidos e a então União Soviética – empenharam-se para tentar maximizar sua segurança a fim de evitar novos conflitos e a perda de suas zonas de influência. Assim, a busca da segurança nacional de uma nação acabou sendo interpretada como um risco à segurança nacional da outra, que buscava resguardar-se por meio de ameaças à segurança do outro país. Nessa espiral de desconfianças que se autofortalecem, foi gerado o dilema da segurança.

Williams (2008) destaca que os estudos sobre segurança durante a Guerra Fria voltavam-se aos quatro Ss: *states* (estados), *strategy* (estratégia), *scientific* (científico) e *status quo*. Desse modo, a segurança teria como atores centrais os próprios Estados e deveria ser baseada em uma estratégia sobre o melhor uso da força, apoiada por conhecimento científico, de forma a manter o *status quo* do sistema internacional.

É relevante também discutirmos o que significa *segurança* e que debates sobre o conceito foram gerados. Williams (2008) aponta duas concepções principais: a primeira relaciona a segurança à acumulação de poder, ou seja, quanto mais poder, mais segurança o Estado teria; a segunda se baseia na emancipação e nos direitos humanos, associando a segurança à cooperação entre os atores para alcançá-la, já que isso envolveria ganho de confiança entre eles. Logo, essa ideia não implica a privação de segurança de uns em benefício de outros, como a primeira concepção propõe, tratando-se, por isso, de perspectivas e visões essencialmente diferentes.

(3.1)
Segurança na Organização das Nações Unidas (ONU)

Conforme já abordamos, a Organização das Nações Unidas (ONU) foi criada no pós-Segunda Guerra Mundial com o intuito de garantir que os devastadores conflitos, como o que havia acabado de terminar, voltassem a ocorrer. Em seu art. 1, a Carta da ONU já estabelece como propósito central a manutenção da paz e da segurança internacionais:

> *1. Manter a paz e a segurança internacionais e para esse fim: tomar medidas coletivas eficazes para prevenir e afastar ameaças à paz e reprimir os atos de agressão, ou outra qualquer rutura [ruptura] da paz e chegar, por meios pacíficos, e em conformidade com os princípios da justiça e do direito internacional, a um ajustamento ou solução das controvérsias ou situações internacionais que possam levar a uma perturbação da paz; [...]* (ONU, 2009, p. 5)

Portanto, a ONU se propôs a retomar o sistema de segurança coletiva, apesar de ter sido considerado um fracasso na época da Liga das Nações. Esse sistema, para ser bem-sucedido, deveria estar calcado na adoção de princípios antirrealistas (embora se reconheça o sistema anárquico), como a rejeição ao uso da força para a resolução de conflitos, a atuação coletiva mediante agressão (abrindo mão de uma ação autointeressada) e a confiança mútua entre os atores. Percebe-se que a soberania absoluta é abalada nesse sistema, que exige respostas conjuntas a agressões e limita o uso do direito à força. Segundo a Carta da ONU, em seu art. 51, o uso da força só deve ocorrer em casos de legítima defesa. Para as demais agressões, o Conselho de Segurança deve deliberar, de forma a subordinar o uso do direito à força a uma autorização internacional, mas sempre prezando pela solução pacífica de controvérsias. A carta também prevê o emprego de sanções como forma de dissuasão dos Estados ao emprego da força (ONU, 2009). Assim, respaldada pelo institucionalismo liberal, a segurança coletiva pressupõe uma mudança do cálculo racional dos Estados em sua atuação no sistema internacional.

(3.2)
Responsabilidade de proteger (R2P) e operações de paz

Durante a Guerra Fria, o Conselho de Segurança viu o congelamento do poder decisório em pautas de conexão direta com a segurança, por causa da rivalidade entre as duas grandes potências antagônicas e que tinham poder de veto no órgão. Ao mesmo tempo, os processos de independência de antigas colônias e a eclosão de guerras civis – potencializadas pelo apoio dos blocos ocidental e soviético – acabaram por demandar a atuação da ONU em operações de "observação", ganhando relevância no tratamento desse tema a figura do ex-secretário geral Dan Hammarskjöld.

Neste ponto, já podemos evocar a discussão proposta por Williams (2008) sobre "para quem é essa segurança" que o sistema internacional vem se mobilizando para alcançar. Inicialmente, poderíamos indicar, sem dúvida, o primeiro S apontado pelo autor: o Estado, único ator reconhecido no sistema westfaliano. Contudo, a eclosão de guerras, o desenvolvimento dos regimes de direitos humanos e a situação permanente de graves conflitos, agora civis, terminaram por expandir a noção de segurança meramente estatal. Williams (2008) aponta que Barry Buzan, em seu livro *People, States and Fear*, associa segurança não apenas aos Estados, mas também a todas as coletividades humanas.

Nesse sentido, é possível notar que o paradigma da segurança não é mais visto somente pela ótica da integridade territorial. A segurança internacional passou a considerar como central a garantia da segurança humana e, assim, o foco também se direcionou à manutenção de uma paz duradoura e estrutural (paz positiva), e não apenas de uma paz baseada no cessar-fogo (paz negativa). Para isso, as operações de paz assumiram um escopo expandido de atuação na ONU.

Desse modo, a soberania e o uso do direito à força também ganharam novo escopo, com vista à garantia da segurança humana. Em 2001, o governo do Canadá capitaneou a criação da Comissão Internacional sobre Intervenção e Soberania Estatal (International Commission on Intervention and State Sovereignty – Iciss), que empregou o conceito de *responsabilidade de proteger* (R2P). O conceito abrange a ideia de que os Estados têm a responsabilidade de proteger seus próprios cidadãos, mas, quando não podem ou não querem fazê-lo, a responsabilidade deve ser trazida para uma comunidade mais ampla. Assim, a soberania seria condicionada à garantia da segurança humana, não sendo algo inato ou intrínseco ao Estado nacional. Segundo Bellamy (2008), a R2P não equivaleria à oposição entre *direitos humanos* e *soberania*, visto que esses conceitos seriam mutuamente complementares. Ou seja, o foco estaria menos no direito à intervenção e mais na responsabilidade de garantir a proteção de direitos humanos.

O relatório *Um mundo mais seguro: nossa responsabilidade compartilhada*, encomendado em 2004 pelo então secretário-geral da ONU, Kofi Annan, aprofunda a ideia de responsabilidade de proteger e dá efetivamente centralidade à segurança humana (ONU, 2004b). De acordo com Slaughter (2005), esse novo paradigma defende que a associação às Nações Unidas não se constitui mais em uma validação do *status* de soberania, mas no direito e na capacidade de participar da própria ONU tendo em vista o cumprimento das obrigações do Estado para com a comunidade internacional e para com o bem-estar de seu próprio povo. A falha em cumprir essas obrigações implicaria a possibilidade de sanção.

Dessa forma, a responsabilidade de proteger justifica a intervenção das Nações Unidas em situações que não se limitam à autodefesa (conforme já previsto na Carta da ONU) – e, portanto, essa atuação teria um escopo ampliado que envolve atividades diplomáticas, humanitárias e de reestruturação política e administrativa. A ampliação das missões de paz se conecta com esse novo paradigma da ONU, mesmo que a tensão entre não intervenção e direitos humanos continue permeando as discussões do sistema internacional, sobretudo quando missões de paz são lideradas por grandes potências em países que foram colonizados.

Ao mesmo tempo, casos de inação das Nações Unidas em face de graves violações de direitos humanos, como no genocídio em Ruanda nos anos 1990, fizeram com que se passasse a questionar quais critérios de definição de violação de direitos humanos são usados pelo Conselho de Segurança para justificar a aprovação de uma missão de paz.

Do fim da Guerra Fria até os dias atuais (2020), dezenas de missões de paz foram realizadas, entre as quais podemos destacar: Somália (1992-1995), ex-Iugoslávia (1992-1995), Haiti (1993-2000, 2004-2017), Namíbia (1989-1990), Camboja (1991-1993), Timor Leste (1999-2012), Kosovo (desde 1999), Darfur (desde 2007), República Democrática do Congo (desde 2010), Sudão do Sul (desde 2011) e Mali (desde 2013) (ONU,2020a). Atualmente, a ONU opera 13 missões de paz, com um orçamento de US$ 6,5 bilhões (dados do ano fiscal de 2019/2020 do Departamento de Operações de Paz da ONU). Os maiores doadores (referentes ao ano de 2019) são os Estados Unidos (27,89% desse valor), China (15,21%) e Japão (8,56%). Cabe destacarmos que o orçamento nos anos 2000 era de US$ 1,5 bilhão, o que demonstra como o tema se ampliou ao longo de duas décadas no sistema ONU (Pugh, 2008)

Gênero, segurança e operações de paz

Judith Ann Tickner, em seu conhecido artigo "You Just Don't Understand: Troubled Engagements between Feminists and IR Theorists" (1997), traz o debate acerca das contribuições do feminismo para as teorias das relações internacionais. Especificamente, a autora aponta a relevância de se pensar a questão da segurança sob a ótica de gênero. Essa perspectiva, assim como já observado por Buzan (citado por Williams, 2008), revela a importância de não se restringir o debate sobre segurança, conforme ocorre na visão realista. Logo, a questão da segurança estaria diretamente associada às relações sociais, sobretudo às relações de gênero, que trazem insegurança às mulheres.

Ao analisar o tema da guerra, por exemplo, Tickner afirma que a preocupação das feministas é evidenciar as consequências do conflito para a população civil, especialmente para as mulheres, que são as mais afetadas. Mulheres e crianças constituem o maior número de refugiados decorrentes de conflitos. Além disso, a autora destaca a questão do estupro de guerra. Nesse sentido, a visão feminista nas relações internacionais traz luz a novas preocupações no contexto da segurança, muitas vezes invisíveis na perspectiva tradicional, centrada no Estado.

Sobre isso, a autora ressalta os esforços da ONU de inclusão de mulheres nas operações de paz, ainda predominantemente masculinizadas, já que é persistente a dificuldade em se associar a mulher com a questão da segurança. A igualdade de gênero nas operações de paz seria uma ferramenta para garantir maior eficácia na construção e na manutenção da paz local. Atualmente, apenas 5% dos soldados e policiais em campo são mulheres (ONU, 2020c). A ONU se comprometeu a aumentar em 15% esse número até 2028.

Ao longo das últimas décadas, na ONU, o debate sobre reformas no aparato de operações de paz ganhou destaque especialmente quanto à melhor formação das tropas, à consolidação de uma estrutura integrada para gestão e fortalecimento das operações e à maior mobilização de recursos. Em 2007, foi estabelecido o Departamento de Operações de Paz (Department of Peace Operations – DPO) para substituir o Departamento de Operações de Manutenção da Paz (Department of Peacekeeping Operations – DPKO), criado em 1992. O DPO é o órgão executivo e político responsável por dar as diretrizes a todas as operações lideradas pela ONU, tendo contato direto com o Conselho de Segurança. Cabe observarmos que outras organizações também promovem operações de intervenção em conflitos, como a própria União Europeia e a Organização do Tratado do Atlântico Norte (Otan).

(3.3)
ORGANIZAÇÃO DO TRATADO DO ATLÂNTICO NORTE (OTAN)

A Organização do Tratado do Atlântico Norte (Otan) foi oficialmente estabelecida em 1949, por meio da assinatura do Tratado de Washington por 12 países: Bélgica, Canadá, Dinamarca, Estados Unidos, França, Islândia, Itália, Luxemburgo, Noruega, Países Baixos,

Portugal e Reino Unido. Atualmente, tem 29 Estados-membros. A princípio, devemos destacar o contexto histórico no qual essa organização foi criada, em pleno início das hostilidades entre os dois blocos que se enfrentariam durante as décadas de Guerra Fria. A Otan, portanto, foi o braço militarizado da estratégia estadunidense para lidar com a rivalidade soviética, que já havia dado sinais de ofensividade com o episódio conhecido como *Bloqueio de Berlim* (1948-1949).

O referido tratado, que se baseia no princípio da segurança coletiva, faz reiteradas referências aos princípios contidos na Carta da ONU de 1945, inclusive buscando respaldar o direito de uso da força:

Artigo 5.º

As Partes concordam em que um ataque armado contra uma ou várias delas na Europa ou na América do Norte será considerado um ataque a todas, e, consequentemente, concordam em que, se um tal ataque armado se verificar, cada uma, no exercício do direito de legítima defesa, individual ou coletiva, reconhecido pelo artigo 51.º da Carta das Nações Unidas, prestará assistência à Parte ou Partes assim atacadas, praticando sem demora, individualmente e de acordo com as restantes Partes, a ação que considerar necessária, inclusive o emprego da força armada, para restaurar e garantir a segurança na região do Atlântico Norte.

Qualquer ataque armado desta natureza e todas as providências tomadas em consequência desse ataque serão imediatamente comunicados ao Conselho de Segurança. Essas providências terminarão logo que o Conselho de Segurança tiver tomado as medidas necessárias para restaurar e manter a paz e a segurança internacionais. (Otan, 1949)

Cabem aqui alguns esclarecimentos sobre a institucionalidade adquirida pela Otan. Conforme mencionamos, a organização foi inicialmente estabelecida como uma aliança militar para fazer frente à ameaça soviética no período da Guerra Fria. O próprio Tratado de Washington prevê, em seu art. 12, a revisão do tratado após um período de dez anos, podendo também haver a denúncia pelos seus membros, algo que nunca ocorreu, segundo Bertazzo (2010). A aliança persistiu e se expandiu, mesmo quando o inimigo comum, a União Soviética, se desmembrou. A Otan foi então ganhando institucionalidade e permanência como uma organização regional de segurança. Bertazzo (2010) ainda afirma que ela ampliou seu escopo de atuação, constituindo-se como uma comunidade política:

A OTAN foi além da área político-militar prevista no seu formato institucional original. Em maior ou menor grau de coordenação, constituiu-se uma comunidade política, sendo um fórum para discussão dos assuntos de interesse comum dos membros. Mais recentemente, também diversificou sua ação por meio da criação de programas nas mais diversas áreas. Meteorologia, educação, pesquisa científica e ambiental estão entre os temas de programas especiais desta organização. (Bertazzo, 2010, p. 103)

Essa maior institucionalidade, que diferencia a Otan de uma mera aliança militar, acabou por tornar sua atuação polêmica, sobretudo no pós-Guerra Fria, no que diz respeito ao que Bertazzo (2010) chama de *ativismo humanitário* da Otan, ou seja, à organização de missões de paz, mesmo que independentes da ONU. A Carta da ONU prevê engajamentos regionais para resolução de conflitos, mas toda ação coercitiva deve passar pela aprovação do Conselho de Segurança. A primeira missão de cunho coercitivo da Otan ocorreu em 1992, durante o conflito na Bósnia-Herzegovina. Nesse caso, a atuação da Otan foi solicitada pela ONU.

(3.4)
DESAFIOS DO SÉCULO XXI: TERRORISMO E NÃO PROLIFERAÇÃO DE ARMAS NUCLEARES

A virada para o século XXI mobilizou as Nações Unidas para os novos desafios a serem observados pelo sistema internacional. A organização já havia lançado os Objetivos de Desenvolvimento do Milênio (ODMs), mas o secretário-geral da época, Kofi Annan, resolveu convocar o Painel de Alto Nível sobre Ameaças, Desafios e Mudanças para a produção de um relatório sobre os novos desafios da segurança internacional e as reformas necessárias no sistema ONU para lidar com essas questões. O documento *Um mundo mais seguro: nossa responsabilidade compartilhada*, como já citamos, foi lançado em 2004. Entre as temáticas levantadas, destacaram-se o terrorismo e a não proliferação de armas nucleares (ONU, 2004b), tópicos examinados na sequência.

3.4.1 TERRORISMO

A questão do terrorismo ganhou notória centralidade no debate internacional após os ataques de 11 de setembro de 2001 nos Estados Unidos. Souza, Nasser e Moraes (2014) destacam a dificuldade de as organizações internacionais (OIs) trabalharem com esse tema em virtude da falta de consenso quanto à definição de *terrorismo*:

> Crucialmente, sem uma definição minimamente aceita do que seja terrorismo, torna-se inviável qualquer esforço para a instituição de regimes internacionais com o fim de combatê-lo. Regimes que buscam regular guerras interestatais, como as Convenções de Genebra, revelam-se em muitos aspectos inadequados para tratar do terrorismo contemporâneo. Além disso, terroristas não se enquadram em definições tradicionais encontradas em

arcabouços jurídicos domésticos, desenhados para enfrentar criminosos comuns. Tal vácuo legal e institucional não somente dificulta o combate ao terrorismo, mas também propicia violações de direitos humanos por parte do Estado em nome deste combate, como evidencia o uso frequente de técnicas de tortura contra suspeitos em diversos países. (Souza; Nasser; Moraes, 2014, p. 10)

O próprio relatório *Um mundo mais seguro [...]* (ONU, 2004b) aponta as duas questões em que mais se encontram divergências quando se busca consenso sobre o conceito. A primeira questão diz respeito à inclusão do Estado como um ator passível de cometer atos de terrorismo, o que, alguns argumentam, já estaria previsto nas Convenções de Genebra. A segunda questão refere-se à relação do terrorismo com o direito à resistência em casos de ocupação estrangeira. De toda forma, o painel convocado por Kofi Annan acabou por dar centralidade à urgência de uma estratégia contraterrorista, tendo em vista que o problema afeta diretamente a população civil. Assim, o documento define *terrorismo* como

qualquer ação, além das ações já especificadas pelas convenções existentes sobre aspectos do terrorismo, as Convenções de Genebra e a Resolução 1566 (2004) do Conselho de Segurança, que se destina a causar morte ou lesões corporais graves a civis ou não combatentes, quando o objetivo de tal ato, por sua natureza ou contexto, é intimidar uma população ou obrigar um governo ou uma organização internacional a praticar ou se abster de praticar qualquer ato. (ONU, 2004b, p. 49, tradução nossa)

O aspecto da intimidação mencionado nessa definição é abordado com grande ênfase por Paul Rogers, que coloca o medo como estratégia central em atos de terrorismo justamente porque permite atingir um público ampliado para fins políticos (Rogers, 2008b). O mesmo autor ressalta que, apesar de o uso do medo diferenciar o terrorismo de outras formas de violência e, por isso, ter recebido mais atenção da comunidade internacional, a centralidade da questão tem suas bases na empreitada da "Guerra ao Terror", que passou a ser aplicada pelo governo estadunidense após os ataques às Torres Gêmeas. Com relação a isso, Rogers cita Walden Bello e afirma que a única resposta estadunidense que realmente contribuiria com a segurança e a paz internacionais seria a abordagem das raízes, e não dos sintomas, do terrorismo, reexaminando as políticas empregadas no Oriente Médio (Rogers, 2008a).

No entanto, o contexto internacional anterior a 2001 já tratava do tema. Em 1995, por meio da Resolução n. 49/60, a Assembleia Geral da ONU adotou a Declaração de Medidas para Eliminar o Terrorismo Internacional, na qual o conceito de *terrorismo* reforça o aspecto do medo:

> Os atos criminosos destinados ou calculados para provocar um estado de terror no público em geral, em um grupo de pessoas ou em pessoas específicas para fins políticos são em qualquer circunstância injustificáveis, quaisquer que sejam as considerações de caráter político, filosófico, ideológico, racial, étnico, religioso ou qualquer outra natureza que pode ser invocada para justificá-los. (Perera, 1994, p. 3, tradução nossa)

Em 1999, foi aprovada a Convenção Internacional para a Supressão do Financiamento do Terrorismo. Após o 11 de Setembro, foi aprovada a Resolução n. 1373 do Conselho de Segurança, que criou o Comitê Contra Terrorismo (CTC) para garantir o cumprimento da resolução. Em 2006, a Assembleia Geral adotou a Estratégia Global contra o Terrorismo, estabelecendo um plano de ação que ressaltava a importância de se criar um órgão na ONU que se dedicasse especificamente ao tema. Assim, em 2011 foi criado o Centro de Contraterrorismo da ONU (UN Counter-Terrorism Centre – UNCCT).

Em 2017, foi finalmente criado o Escritório de Contraterrorismo das Nações Unidas (UN Office of Counter-Terrorism – Unoct), que unificou as iniciativas do sistema ONU quanto a essa temática, inclusive com a implementação da referida Estratégia Global contra o Terrorismo, a qual mobiliza, entre outras questões, esforços para o fortalecimento dos Estados-membros no combate ao terrorismo. Em 2018, o secretário-geral da ONU, António Guterres, criou a Coordenação Compacta contra o Terrorismo, que reúne 36 agências e entidades da ONU mais a Interpol e a Organização Mundial das Alfândegas, em um empenho coletivo para combater o terrorismo global.

Cabe destacarmos que existem iniciativas regionais de combate ao terrorismo. No continente americano, a Organização dos Estados Americanos (OEA) aprovou, em 2002 (em vigor desde 2003), a Convenção Interamericana contra o Terrorismo, com o objetivo de prevenir, punir e eliminar o terrorismo e seu financiamento, por meio da cooperação regional e transfronteiriça. Além disso, também no âmbito da OEA, há o Comitê Interamericano contra o Terrorismo (Cicte), constituído por todos os Estados-membros dessa organização. Na Europa, o Conselho Europeu da União Europeia adotou, em 2005, a Estratégia contra o Terrorismo da União Europeia, baseada em quatro pilares:

1. prevenção das causas do terrorismo;
2. proteção dos cidadãos para reduzir a vulnerabilidade aos ataques;
3. busca e investigação de terroristas em nível regional e global;
4. apresentação de respostas, por meio de uma coordenação solidária, que minimizem as consequências dos ataques e que atendam às necessidades das vítimas.

3.4.2 Não proliferação de armas nucleares

O uso de armas nucleares durante a Segunda Guerra Mundial mudou significativamente a noção de segurança e ameaça internacionais e teve grande influência ao longo das décadas de conflito da Guerra Fria. Tensionamentos do conflito bipolar, como nos episódios da Guerra da Coreia (1950-1953) e da Crise dos Mísseis de Cuba (1962), acabaram por demonstrar as reais ameaças de uma guerra nuclear mundial, reforçando tanto o dilema da segurança quanto a estratégia de dissuasão nuclear. O novo contexto era marcado por um paradoxo: ser detentor de armas nucleares, ao mesmo tempo que trazia segurança em face da ameaça do inimigo, gerava mais insegurança em face da ameaça de uma guerra nuclear e do poder de autodestruição, ou seja, ter capacidade nuclear mostrava-se necessário, mesmo que seu uso fosse improvável.

A ameaça de uma guerra nuclear acabou por chamar a atenção da comunidade internacional, que, em 1968, elaborou o Tratado de Não Proliferação de Armas Nucleares, o qual entrou em vigor em 1970. O objetivo principal era a não proliferação desse tipo de armamento por meio do compromisso de Estados-parte que possuíssem armas nucleares de não transferir ou incentivar novos países a desenvolver essas armas. O documento foi considerado um marco internacional sobre desarmamento nuclear, tendo alcançado ampla aceitação internacional, com 191 Estados-parte. Foi inclusive ratificado, até 1970, por quatro dos cinco países detentores de armas nucleares na época: Estados Unidos, França, Reino Unido e União Soviética. A China, quinto país que durante a Guerra Fria adquiriu armas nucleares, ratificou o tratado em 1992.

Contudo, conforme Sidhu (2008), o sucesso do tratado é questionado. Apesar de ter sido considerado por alguns como uma ferramenta importante para diminuir o número de armas nucleares, sobretudo a partir dos anos 1980, o acordo não conseguiu impedir que novos países adquirissem e desenvolvessem a tecnologia, como aconteceu com Israel, Índia, Paquistão e República Democrática da Coreia. Todavia, um relativo sucesso pode ser destacado, já que o mesmo autor aponta que países que eventualmente começaram a desenvolver programas nucleares durante a Guerra Fria, como Brasil e Egito, o abandonaram e países com tecnologia e capacidade para desenvolver esse tipo de armas não o fizeram, como Alemanha, Itália e Japão.

O referido tratado estabelece um sistema de salvaguarda de cumprimento, prevendo inspeções realizadas pela Agência Internacional de Energia Atômica (International Atomic Energy Agency – IAEA), órgão criado em 1956 e que entrou em vigor em 1957. Segundo o art. 2º de seu estatuto, a IAEA tem como objetivos:

acelerar e ampliar a contribuição da energia atômica para a paz, a saúde e a prosperidade em todo o mundo. Deve assegurar, na medida do possível, que a assistência prestada ou a seu pedido ou sob sua supervisão ou controle não seja utilizada de forma a promover quaisquer fins militares.
(IAEA, 1989, p. 5, tradução nossa)

Portanto, a agência assiste e apoia os Estados-membros em questões ligadas à energia atômica e seu uso seguro e sustentável, buscando mitigar os efeitos negativos desse tipo de energia, seja para a saúde, seja para o meio ambiente.

A mais recente mobilização na ONU para o tema foi a aprovação do Tratado sobre a Proibição de Armas Nucleares, assinado em 2017, com o objetivo de promover a total eliminação de armas nucleares. O documento ainda não entrou em vigor (informação de 2020), já que exige o mínimo de 50 ratificações.

Também é importante destacarmos as mobilizações regionais referentes à temática. No contexto latino-americano, foi firmado, na Cidade do México, em 1967, o Tratado para a Proscrição das Armas Nucleares na América Latina e no Caribe (Tratado de Tlatelolco). Para garantir o cumprimento e a efetividade desse acordo, em 1969 foi criado o Organismo para a Proscrição das Armas Nucleares na América Latina e no Caribe (Opanal).

Na Europa, em 2003, foi aprovada pelo Conselho da União Europeia a Estratégia da União Europeia contra a Proliferação de Armas de Destruição em Massa. Em 2010, foi estabelecido o Consórcio da União Europeia para a Não Proliferação e o Desarmamento, que reuniu uma rede independente de *think tanks* constituída por instituições de política externa e centros de pesquisa de forma a assegurar o cumprimento da referida estratégia.

Síntese

Este terceiro capítulo abordou o principal tema das relações internacionais: a segurança internacional. É o tema pelo qual a área começou a ser construída, contrapondo visões distintas de como garantir a segurança dos Estados e evitar a eclosão de conflitos como a Primeira e a Segunda Guerras Mundiais e, posteriormente, conflitos regionais e localizados.

Ao longo do capítulo, vimos como surgiu o conceito de *segurança internacional* e como foi mudando ao longo das décadas, à medida que se modificava a natureza dos conflitos e novos atores despontavam em diferentes contextos nos quais o embate era a base das relações, por distintos motivos.

Discutimos a responsabilidade do Conselho de Segurança da Organização das Nações Unidas (ONU) na busca da solução de controvérsias entre os Estados e na atuação em conflitos internacionais. Também apresentamos o debate sobre as operações de paz e sobre a soberania e o uso do direito à força.

Examinamos, ainda, as mudanças no conceito de *segurança* e o início do emprego do conceito de *responsabilidade de proteger* (R2P), que diz respeito à ideia de que os Estados devem proteger seus próprios cidadãos.

Destacamos uma discussão bastante atual, que recentemente ganhou espaço: as consequências dos conflitos para as mulheres. Vimos como a igualdade de gênero nas operações de paz pode ser uma ferramenta para garantir mais eficácia na manutenção da paz local.

Quanto ao papel das organizações internacionais (OIs) para a garantia da segurança internacional, abordamos as origens e a função da Organização do Tratado do Atlântico Norte (Otan), que foi ganhando maior institucionalidade ao longo das décadas e gerou vários debates sobre a legitimidade e a efetividade de suas ações ao atuar em conflitos com base em um ativismo humanitário.

Por fim, tratamos de dois temas da nova agenda internacional, colocados em questão no pós-Guerra Fria: o terrorismo e a não proliferação de armas nucleares.

Questões para revisão

1. Qual das seguintes afirmações está correta?
    a) A segurança internacional ganhou relevância com o fim da Guerra Fria e o surgimento de vários conflitos intraestatais.
    b) A segurança internacional perdeu relevância com o fim da Guerra Fria e a polarização entre as superpotências.
    c) A Otan foi criada na década de 1990 para conter os conflitos locais e garantir a segurança humanitária.

d) A Otan reflete as mudanças do conceito de *segurança internacional* e tornou-se a organização mais relevante do pós-Guerra Fria por conter os conflitos com o uso da força.

e) Após o fim da Guerra Fria, o conceito de *segurança internacional* foi revisado de acordo com os novos conflitos e os novos atores, dando espaço para as operações de paz voltadas aos direitos humanos.

2. Qual é o significado do conceito de *responsabilidade de proteger* (R2P)?
   a) Corresponde à responsabilidade que a ONU tem de proteger os Estados.
   b) Diz respeito à ideia de que a comunidade de Estados tem a responsabilidade de proteger seus próprios cidadãos.
   c) Refere-se à necessidade de criação de espaços institucionais para que os Estados possam dialogar e negociar a superação dos conflitos.
   d) Diz respeito à reestruturação burocrática da ONU para atender à nova demanda de conflitos intraestatais.
   e) Corresponde à coordenação de ações entre o Conselho de Segurança da ONU e a Otan para conter os conflitos internacionais.

3. Que conjunto de elementos define os desafios da segurança internacional no pós-Guerra Fria?
   a) A segurança internacional, na década de 1990, apontava a centralidade dos conflitos interestatais, renovando o cenário da Guerra Fria com novos atores.
   b) Na década de 1990, os Estados ganharam centralidade nos conflitos e na reforma das organizações internacionais militares.

c) A década de 1990 trouxe vários questionamentos sobre o conceito de *segurança internacional*, introduzindo preocupações com a segurança humanitária, com o terrorismo e com as armas nucleares.

d) O terrorismo ganhou centralidade no pós-Guerra Fria e passou a ser a única ameaça ao sistema internacional.

e) A Otan foi reformada para atuar exclusivamente no combate a ações terroristas a partir do início da década de 1990.

4. Discuta o papel da Otan e o espaço "disputado" pelo Conselho de Segurança da ONU em conflitos internacionais.

5. O que marcou a segurança internacional com o fim da Guerra Fria e o que diferencia essa questão em relação ao período anterior?

Questões para reflexão

1. Reflita sobre o conceito de *responsabilidade de proteger* (R2P) como nova ação importante para os Estados no contexto de mudança da natureza dos conflitos internacionais.

2. Analise a contraposição entre a legitimidade e a eficácia de ação por parte da Otan nos conflitos surgidos na década de 1990.

Para saber mais

DR. FANTÁSTICO. Direção: Stanley Kubrick. Reino Unido/Estados Unidos, 1964. 95 min.

Esse filme, cujo título original é *Dr. Strangelove or: How I Learned to Stop Worrying and Love the Bomb*, é uma sátira sobre a possibilidade de uma guerra nuclear entre duas potências, enfatizando o dilema da segurança e as questões políticas envolvidas no uso de armas nucleares.

TERRA de ninguém. Direção: Danis Tanovic. Reino Unido/Itália/Bélgica/França, 2001. 98 min.

Esse filme conta a história de dois soldados, um bósnio e um sérvio, que se encontram durante o conflito da Bósnia em 1993, na fronteira da guerra, na "terra de ninguém".

Capítulo 4
Regimes internacionais de comércio

Conteúdos do capítulo:

- A criação da Organização Mundial do Comércio (OMC).
- A evolução dos temas e dos debates relacionados ao comércio.
- A formação de coalizões e a atuação do Brasil no comércio internacional.

Após o estudo deste capítulo, você será capaz de:

1. reconhecer as características da OMC e das negociações entre os países;
2. compreender os mecanismos institucionais que foram sendo construídos para incentivar a relação entre os Estados no comércio internacional;
3. identificar como os temas foram se inserindo no contexto institucional e dando oportunidade para diferentes atores participarem do comércio internacional.

Os regimes internacionais de comércio são um tema que, originalmente, dá subsídio ao argumento da correlação entre o aumento da interdependência e a maior disposição a cooperar por parte dos Estados. A ideia central é que as relações comerciais promovem a aproximação entre os atores e a busca por soluções cooperativas. Primeiramente, existe a percepção de que, quanto mais comércio, maior a disposição dos países para a manutenção da paz. A lógica consiste no entendimento de que, se todos estão ganhando com o intercâmbio comercial, todos devem lutar para a redução dos conflitos. Um segundo ponto é a perspectiva de que a criação de instituições é a melhor solução para gerenciar a relação de interdependência entre os atores, que será cada vez mais crescente e complexa.

No campo econômico, foi criado, no contexto do pós-guerra, um conjunto de normas e instituições com a finalidade de estabelecer regulações e padrões para as relações de comércio e finanças internacionais que ficou conhecido como sistema Bretton Woods. À medida que a complexidade desse sistema começou a se ampliar, com a inclusão de mais atores e a diversificação de interesses e preferências, a preocupação com a distribuição dos recursos também se tornou central, sobretudo com a participação dos países em desenvolvimento. A percepção favorável pela construção de um espaço mais institucionalizado foi crescendo e alcançou um consenso mais amplo no início da década de 1990, resultando na criação da Organização Mundial do Comércio (OMC).

(4.1)
Organização Mundial do Comércio (OMC)

Criada em 1994, a OMC é uma organização multilateral dedicada à regulação das regras comerciais. A OMC surgiu após a Rodada Uruguai (1988-1994), que ocorreu ainda sob os auspícios do Acordo Geral sobre Tarifas e Comércio (GATT). Atualmente, 164 membros são signatários da OMC, que abriga as regras para bens agrícolas e não agrícolas, além de disposições sobre regras de comércio. A estrutura da organização contempla a Conferência Ministerial, o Conselho Geral, o Órgão de Solução de Controvérsias, os conselhos e os comitês temáticos.

As origens do sistema multilateral de comércio remontam ao fim da Segunda Guerra Mundial, quando os Estados Unidos incentivaram a criação de órgãos internacionais para regulamentar a economia mundial e garantir a previsibilidade segundo os padrões estadunidenses. O livre comércio emergiu, então, como um dos princípios basilares para a parte capitalista do globo.

No entanto, os estadunidenses resistiram à criação de um órgão multilateral com amplo alcance na esfera comercial, chegando mesmo a não ratificar a Carta de Havana, negociada em 1947 para regular a Organização Internacional do Comércio (OIC). A falta de apoio dos Estados Unidos acabou resultando no abandono da ideia de criação da organização, e a solução encontrada foi a constituição do GATT, com objetivos menos ambiciosos, focados em bens industriais.

Durante as primeiras décadas de negociações sob a esfera do GATT, houve a predominância de países desenvolvidos nas rodadas. Grande parte dos países do Terceiro Mundo preferiu manter-se à margem do sistema multilateral de comércio, em razão das políticas protecionistas adotadas na época como forma de promoção industrial. Até meados da década de 1970, a Conferência das Nações Unidas sobre Comércio e Desenvolvimento (United Nations Conference on Trade and Development – Unctad) constituía o principal espaço para as demandas dos países em desenvolvimento.

Nesse contexto, foi criado o Grupo dos 77 (G77), uma coalizão formada por países em desenvolvimento que tinha por objetivo ampliar o poder de negociação dos países mais pobres, aumentando a capacidade de negociação conjunta nos espaços multilaterais das Nações Unidas. O grupo reivindicava maior atenção ao Terceiro Mundo. Apesar de obter sucesso em determinadas demandas (como na criação do Sistema Geral de Preferências), o G77 acabou perdendo importância juntamente com a Unctad, que deixou de ser um foro central para as discussões econômicas ao longo das décadas.

Em meados da década de 1970, com o lançamento da Rodada Tóquio, os países em desenvolvimento passaram a atrair atenção, fazendo o GATT expandir seu raio de atuação em resposta a uma forte onda de protecionismo que abria questionamentos acerca da viabilidade do sistema multilateral de comércio. Acordos sobre regras de comércio foram discutidos e acertou-se a criação de normas específicas para as chamadas *barreiras técnicas ao comércio*.

No início da década de 1980, os Estados Unidos propuseram a inclusão do comércio de serviços no GATT, o que foi rechaçado por um grupo de países em desenvolvimento, liderados por Brasil, Índia e ex-Iugoslávia. Após intensos debates, um grupo de membros liderados pela Suíça e pela Colômbia deu origem à coalizão Café au Lait, que buscava apoio para a inclusão do tema *serviços* na agenda das negociações multilaterais.

O lançamento da Rodada Uruguai, na Reunião Ministerial de Punta del Este, trouxe uma novidade para o sistema multilateral de comércio: a coordenação de grandes exportadores agrícolas, que deu origem ao Grupo de Cairns, defensor da inclusão da agricultura nas regras do GATT.

A queda do Muro de Berlim e o aparente triunfo do liberalismo levaram a uma expansão sem precedentes no sistema multilateral de comércio, que passou a englobar novos temas. Acordos paralelos foram negociados com o objetivo de regular o comércio de serviços: o Acordo Geral sobre o Comércio de Serviços (General Agreement on Trade in Services – GATS); o Acordo sobre os Aspectos dos Direitos de Propriedade Intelectual Relacionados ao Comércio (Agreement on Trade-Related Aspects of Intellectual Property Rights – TRIPs); o Acordo sobre Medidas de Investimento Relacionadas ao Comércio (Agreement on Trade-Related Investment Measures – TRIMs).

O crescimento da OMC se deve principalmente ao seu alto grau de efetividade, principalmente por ter se constituído como uma instituição capaz de garantir o cumprimento das obrigações assumidas pelos países-membros. Ainda assim, a organização enfrentou diversas críticas, especialmente quanto ao papel reservado aos países em desenvolvimento nas negociações comerciais.

Dois anos após a criação da OMC, foi organizada a primeira reunião ministerial dessa organização, em Cingapura, em 1996, quando novos temas foram adicionados ao arcabouço do sistema multilateral de comércio. Assim, passaram a ser objeto de negociações nesse fórum tópicos referentes a investimentos, compras governamentais, facilitação de comércio e transparência. Na ocasião, diversas questões foram levantadas sobre a continuidade dos trabalhos da OMC, bem como a limitação de suas competências. O exemplo das normas trabalhistas é ilustrativo: em 1996, discutiu-se a possibilidade de utilizar questões trabalhistas como medidas que afetariam o livre comércio. A OMC, contudo, decidiu que não trataria de tal tema, deixando-o a cargo da Organização Internacional do Trabalho (OIT) (regime criado especificamente para discutir esse assunto).

O caso exemplificado é importante quando percebemos que reflete uma realidade muito mais ampla no sistema multilateral de comércio. Com o aprofundamento das regras da OMC, o Órgão de Solução de Controvérsias (OSC) ganhou um poder inédito em outros regimes internacionais, razão pela qual foram enormes as esperanças depositadas nesse órgão como vetor de adequação do comportamento dos Estados.

Realizada em 1998, a Reunião Ministerial de Genebra foi marcada basicamente pela continuidade dos trabalhos iniciados em Cingapura e pelos primeiros preparativos para o lançamento de um ambicioso processo de negociações, que viria a ser intitulado *Rodada do Milênio*. Seattle foi a cidade escolhida como sede para o início desse novo passo na caminhada da OMC, quando foram debatidos diversos assuntos, em especial os temas da reunião de Cingapura, que entrariam definitivamente no centro das atenções do sistema multilateral de comércio.

Entretanto, Seattle foi um capítulo inédito na diplomacia comercial do pós-guerra. O que deveria ter sido o pontapé inicial de um ambicioso projeto de liberalização acabou representando o maior fracasso desde a fundação do GATT. Os membros reunidos na cidade estadunidense não foram capazes nem mesmo de lançar as negociações (Schott, 2000). As tradicionais divisões norte-sul, bastante comuns nas relações internacionais, deram lugar aos mais variados pontos de discordância.

Nas ruas, manifestantes de todo o mundo mostraram claramente que o tão aclamado desenvolvimento econômico equitativo resultante do liberalismo ainda se encontrava longe de ser alcançado. Por isso, ao iniciar a Reunião Ministerial de Doha, em 2001, tanto países desenvolvidos quanto países do Terceiro Mundo sabiam que tinham uma grande tarefa a completar, a fim de dissipar qualquer ameaça à credibilidade da OMC.

Na época, os sinais de desaquecimento da economia global exigiam uma resposta rápida, que veio na forma de negociações com maior dinamismo. Por outro lado, os países em desenvolvimento carregavam em seu discurso fortes críticas aos avanços obtidos pela OMC em áreas de interesse para os países mais pobres do mundo. A Declaração de Doha refletia as preocupações com a queda no ritmo de crescimento econômico mundial e incentivava os Estados a buscar meios de promover a inclusão das economias do Terceiro Mundo na rota do desenvolvimento.

Inicialmente, os países em desenvolvimento mostraram-se bastante céticos quanto ao lançamento de uma nova rodada de negociações, argumentando que a prioridade seria garantir avanços em temas como a agricultura e o comércio de têxteis. Para os membros mais ricos da OMC, a prioridade deveria ser a constituição de uma ampla agenda de negociações, capaz de diluir os efeitos da liberalização agrícola, por exemplo.

A oposição de parte dos países em desenvolvimento foi controlada quando os membros concordaram em trocar o termo *rodada* por outro considerado mais brando: *programa de trabalho*. A essa terminologia foi agregada a ideia de que a nova fase das negociações deveria ser instaurada como parte de uma agenda de desenvolvimento, preocupada com o avanço dos temas de interesse do Terceiro Mundo. A constituição da coalizão do G20, pouco antes da Reunião Ministerial de Cancún, em 2003, foi apenas o fim de um longo período de discussões que se iniciaram em Genebra e em várias capitais do mundo.

Ao longo dos anos, os temas discutidos na OMC tornaram-se muito mais complexos, e a forma de negociação praticada no sistema multilateral de comércio ficou mais baseada no esquema de rodadas, com intensa barganha intertemática. Isso fez com que o processo fosse bastante demorado. A pressão feita pelos países em desenvolvimento mostrou-se efetiva para impedir o avanço em itens sensíveis da agenda, ainda que alguns especialistas apontem o grande poder dos países desenvolvidos de impor desfechos favoráveis às negociações.

De maneira geral, os temas incluídos na agenda da OMC são aqueles considerados de maior relevância para o sistema multilateral de comércio. Os casos de bens não agrícolas, tema tradicional do GATT, foram aqueles que colheram os avanços mais significativos desde 1947. Os bens agrícolas sempre foram o tema mais importante em discussão na OMC, com grande participação e controvérsia.

Cabe observarmos, por fim, que vários outros temas foram tornando o processo de negociação mais complexo e revelando a oposição cada vez maior entre países desenvolvidos e países em desenvolvimento. Propriedade intelectual e biodiversidade são temas que ampliaram a pauta de negociações no âmbito multilateral, cruzando as discussões da OMC com os regimes específicos.

(4.2)
Formação de coalizões na OMC

A autora paquistanesa Amrita Narlikar (2003) fez importantes estudos sobre casos de coalizões intergovernamentais no GATT e na OMC, a fim de identificar quais tipos de coalizão funcionam e em que condições. *Funcionar*, na acepção da autora, implica sobrevivência e efetividade.

Narlikar (2003) argumenta que, para que as coalizões que envolvam países em desenvolvimento tenham maior probabilidade de funcionar, dois pré-requisitos devem ser contemplados. Primeiro, deve haver coerência interna, entendida como interesses econômicos substantivos em comum, em contraposição a razões ideológicas/ideacionais. Coalizões que careçam de coerência interna teriam maior dificuldade de ter influência coletiva externa. O segundo pré-requisito é que tais coalizões devem ter peso externo.

Não se desconsidera a possibilidade de que grupos abrangentes não tenham durabilidade, mas eles tendem a se consolidar mais como fóruns consultivos do que como atores que dispõem de maior força política para influenciar o jogo multilateral. Nesse caso, os países acabam depositando recursos diplomáticos em outras iniciativas.

Uma outra linhagem de estudos foca a perspectiva de sobrevivência e eficácia da cooperação Sul-Sul não de acordo com a característica intrínseca da coalizão, mas conforme as estratégias possíveis adotadas. Assim, ocorre clara inversão de papéis e da relação de causa e efeito. Esse foi o caso do estudo de Odell e Sell (2003) sobre as negociações na OMC envolvendo o TRIPs e a saúde pública. Nessas negociações, a coalizão dos países em desenvolvimento, mais fraca que a dos desenvolvidos – liderada pelos Estados Unidos –, logrou obter sucesso ao fim das negociações, em um resultado inesperado.

Segundo Odell e Sell (2003), isso pode ser explicado tendo em vista aspectos conjunturais extracoalizacionais que deram caráter peculiar àquela negociação e fatores mais estruturais intracoalizacionais. Entre estes (de intracoalizão), destaca-se o tipo de estratégia adotada: uma estratégia distributiva combinada com uma estratégia integrativa – *mixed distributive strategy* – permitiu aos países em desenvolvimento não só vetar novos compromissos no TRIPs que dificultassem a quebra de patentes no caso da aids como também alcançar interesses ofensivos. Nessa negociação, a garantia era que as quebras de patentes para casos de saúde pública não resultariam em punição comercial.

Em última análise, a motivação dos países em optar por atuar, no jogo das negociações multilaterais, por meio de coalizões internacionais comporta explicações de diferentes matrizes teóricas. Abrange um amplo espectro que vai desde uma **abordagem organizacional**, relacionada à diminuição de custos transacionais principalmente para países de menor desenvolvimento relativo; passa pela **análise cognitiva** (Lee; Rosenthal, 1976; Friend; Laing; Morrison, 1977); pelo **neoinstitucionalismo** (Alt; Gilligan, 1994), focado no papel dos grupos de interesse e das instituições; pelos **neorrealistas** (Michener et al., 1975; Dupont, 1994), vinculados à dimensão do equilíbrio de poder; até chegar a **vertentes construtivistas**, baseadas em ideias e na identidade nos processos políticos.

Como observamos, a agricultura é um tema-chave e sempre presente nas negociações da OMC e do bloco com outros atores internacionais. É difícil apontarmos um país que não tenha interesse estratégico nesse tópico das negociações, e isso explica o alto grau de participação nas reuniões do Comitê de Agricultura.

Durante a Rodada Uruguai (1986-1994), foi negociado o Acordo de Agricultura da OMC, que previa uma série de medidas relacionadas aos programas de ajuda aos produtores e à questão de acesso a mercados. Discutiu-se a tarifação de todas as barreiras existentes para os produtos agrícolas, além da acomodação dos subsídios em um sistema de caixas, visando à sua regulamentação e à diminuição dos subsídios responsáveis por distorções no comércio.

No fim da década de 2000, as negociações multilaterais começaram a caminhar em um ritmo mais lento, quando cerca de 20 países em desenvolvimento se uniram contra uma proposta conservadora dos Estados Unidos e da Europa para a liberalização agrícola.

(4.3)
Formação do G20

A Reunião Ministerial de Cancún trouxe uma grande novidade para as negociações multilaterais de comércio. A formação do G20 foi um marco e surpreendeu a todos, porque a coalizão constituída por países em desenvolvimento tomou a ofensiva e defendeu interesses no sistema multilateral de comércio. Desde então, o grupo iniciou uma enorme luta para manter a coesão interna, à medida que seguia o impasse nas negociações.

A agricultura sempre foi o tema central do G20, e suas posições no Comitê de Agricultura têm sido organizadas para englobar a visão de todos os membros. Desse modo, desde o final de 2003, os documentos são emitidos como reflexo da posição de toda a coalizão, algo que traz consigo uma série de armadilhas.

No que se refere aos problemas que esse comportamento causa para a análise da posição dos países, o principal é a camuflagem das preferências de cada nação. Havia divergências entre os Estados-membros da coalizão, as quais desapareceram com a publicação de documentos conjuntos, ficando claro que o principal objetivo era o fortalecimento dos países em desenvolvimento em face dos países desenvolvidos.

(4.4)
Alguns temas relevantes para o Brasil nas negociações da OMC

O Brasil sempre se movimentou com agilidade no âmbito da OMC e, ao longo dos anos 1990, consolidou sua liderança nas negociações multilaterais. Esteve presente no Green Room (espaço no qual ocorrem as pré-negociações, apenas com os países considerados líderes, aproximadamente 35 membros) e também à frente da Secretaria Geral da OMC, com a eleição do embaixador Roberto Azevedo (2017-2020). Desde a criação da OMC, o Brasil participou na defesa de interesses em várias temáticas, como agricultura, bens industriais e serviços. Essa situação evidenciou a sobreposição de negociações que aconteciam no plano internacional e no plano doméstico, com setores diversos da economia, em que o governo tentava equilibrar os interesses dos dois níveis.

Nesse contexto, o acesso a mercados era considerado um tema central, pois o Brasil, como grande produtor agrícola, buscava expandir sua atuação. Isso implicava barganha com outros temas, a exemplo dos bens industriais e dos serviços, como veremos a seguir.

Acesso a mercados

Para os brasileiros, o acesso a mercados talvez seja o tema mais importante da agenda, refletido nos documentos de propriedade brasileira. O Brasil tinha participação nos três pilares de negociação da OMC – agricultura, produtos industriais e serviços (Thorstensen, 1998). No entanto, o acesso a mercados era o ponto em que países como Brasil, Índia e África do Sul mais tinham divergências.

Nas últimas décadas, o Brasil desenvolveu muito o agronegócio e insistiu para garantir avanços no acesso a mercados, buscando fazer frente, junto com os países do G20, aos subsídios dados aos produtores dos países desenvolvidos.

Na OMC, o Brasil sempre procurou avançar nesse ponto e também nos outros pilares, considerados temas sistêmicos. Logo, defendia com bastante intensidade que as negociações seguissem com equilíbrio e ambição. O avanço no acesso a mercados sempre foi fundamental, mas o país sempre esteve atento à discussão de outros temas que só seriam resolvidos na OMC, como os subsídios à exportação.

Segurança alimentar

O tema da segurança alimentar, apesar de não constar da base de dados, é da maior importância para a compreensão das grandes diferenças entre os países. O conceito de *segurança alimentar*, definido pela Organização das Nações Unidas para a Alimentação e a Agricultura (Food and Agriculture Organization – FAO), é interpretado de distintas maneiras por Brasil, África do Sul e Índia, mas passou a ser relevante para todo o mundo em desenvolvimento.

A segurança alimentar, embora não se constitua como um pilar nas negociações, serve de base para todas as discussões, pois é o principal argumento defendido principalmente pelas nações protecionistas em relação ao tema. Portanto, é interessante observarmos as diferentes concepções que os países têm sobre a questão. O Brasil adota posições extremamente ofensivas em agricultura, tomando a linha de frente nas negociações, e busca se aliar a parceiros que também defendem a liberalização do setor, como seus vizinhos do Mercosul.

Subsídios à exportação

Talvez a questão dos subsídios à exportação seja a grande unanimidade entre Brasil, Índia e África do Sul. Cada qual com os seus argumentos, todos defendem o fim dos subsídios em um prazo curto de tempo, em virtude das distorções que provocam no mercado mundial de bens agrícolas. A criação do G20 ocorreu, em parte, como resposta ao vago comprometimento da União Europeia pelo fim dos subsídios.

Nesse tema, as posições de Brasil e África do Sul foram fortalecidas ao se alinharem ao Grupo de Cairns, manifestando-se contrariamente a qualquer influência governamental que causasse distorções nos mercados e impedisse a participação nos mercados dos países desenvolvidos.

Medidas de salvaguarda

O Brasil sempre defendeu que as medidas de salvaguarda fossem limitadas e que os países desenvolvidos que eventualmente estejam utilizando tais mecanismos sejam impedidos de seguir com essas práticas. O Acordo de Agricultura havia previsto um mecanismo especial de salvaguarda, e este muitas vezes frustra os interesses dos países ofensivos.

Entretanto, percebemos que o mais difícil de combater é a criação de um mecanismo de salvaguarda voltado aos países em desenvolvimento, ainda mais quando uma das principais porta-vozes do mundo em desenvolvimento, a Índia, defendia tal medida. A África do Sul era fortemente favorável às salvaguardas para os países em desenvolvimento, já que seus parceiros do grupo africano seriam virtuais beneficiários dessa medida.

O Grupo de Cairns passou a destacar a necessidade da criação de um mecanismo de salvaguarda que impedisse a entrada predatória de bens agrícolas nos mercados dos países em desenvolvimento.

Serviços

Grande parte dos países em desenvolvimento não dá atenção às negociações em serviços na OMC. Isso se deve à falta de interesse que muitos deles têm em colaborar com a liberalização do setor no sistema multilateral de comércio, somada ao tamanho de muitas delegações em Genebra, incapazes de acompanhar o conjunto das negociações.

A Índia, país que costuma reclamar do ritmo das negociações em serviços em outros comitês, como no de Agricultura, é um membro com interesses pontuais e que se daria por satisfeito caso houvesse uma liberalização em especial para profissionais do setor de *software*. Nos outros setores, a participação do país é discreta, e o volume de documentos indianos em serviços é inferior ao observado em outros temas da negociação.

No caso do Brasil, podemos verificar uma participação mais ativa, ainda mais se compararmos com a média de engajamento dos países em desenvolvimento. O critério levado em conta para a participação é o do interesse econômico, e o país se manifesta nos setores considerados estratégicos, ignorando outros de igual importância, porém delicados sob a ótica brasileira.

Síntese

Este quarto capítulo teve como objetivo mostrar como o aumento da interdependência comercial entre os países levou certos atores, defensores das instituições internacionais, a argumentar que era necessário ampliar os espaços institucionais para dar maior incentivo à cooperação internacional. A ideia central era que o comércio constituía o fator principal de aproximação e de redução dos conflitos internacionais.

Vimos que se considerava a criação de instituições internacionais como uma forma de gerenciar as transações comerciais, deixando cada Estado livre para buscar seu bem-estar e os interesses de seus cidadãos. Esse contexto, como abordamos no Capítulo 1, contribuiria para o estabelecimento de relacionamentos mais estáveis e previsíveis e garantiria mais estabilidade ao sistema internacional.

Logo após a Segunda Guerra Mundial, o sistema Bretton Woods criou o tripé Fundo Monetário Internacional (FMI), Banco Mundial (BM) e Acordo Geral sobre Tarifas e Comércio (GATT). Vimos que as três organizações davam sustentabilidade às relações comerciais, cada vez mais intensas, com a finalidade de prover regras claras e de promover medidas para garantir a liberalização do comércio internacional.

Esse contexto foi se adensando e ganhou maior projeção ao fim da Guerra Fria, nos anos 1990, quando aumentou o número de países que abriram a economia e se inseriram de forma mais atuante na economia internacional. Como mencionamos, isso levou à criação da Organização Mundial do Comércio (OMC), em 1994.

Por fim, tratamos da própria OMC e de vários aspectos relacionados à instituição. A organização é dedicada à regulação das regras comerciais, com uma estrutura institucional razoavelmente simples, que funciona por meio de rodadas de negociações em um ambiente institucional permanente. A tomada de decisão tem como base o consenso entre os Estados-membros, o que torna os processos de negociação bastante longos. Por isso, tal ambiente incentiva a formação de coalizões, como a dos países em desenvolvimento, que se unem para enfrentar as grandes potências econômicas.

Questões para revisão

1. Qual das opções a seguir representa melhor o impacto da criação da OMC na relação comercial entre os países?
    a) A OMC é um espaço temporário para os países negociarem interesses econômicos pontuais.
    b) A criação da OMC representa a institucionalização da interdependência comercial, que vinha crescendo, e permite que os países possam ter um espaço permanente de negociação para tratar de vários aspectos sobre as trocas comerciais.
    c) A criação da OMC delimita um espaço institucional que permite aos países desenvolvidos fortalecer suas regras e garantir seus benefícios de forma mais legítima.
    d) A OMC é um espaço institucional que permite aos países em desenvolvimento, exclusivamente, garantir

a negociação de seus interesses e beneficiar-se economicamente.

e) A OMC representa uma alternativa ao espaço institucional de negociação política para os países desenvolvidos, antes representados pela ONU.

2. Qual é a alternativa **incorreta** sobre a criação dos regimes e das organizações internacionais de comércio?

a) Ao longo das décadas, os países buscavam aperfeiçoar seus interesses econômicos e melhorar as relações comerciais.

b) Após a Segunda Guerra Mundial, a criação do sistema Bretton Woods teve como objetivo determinar padrões para as relações de comércio internacional.

c) A institucionalização das regras e dos procedimentos de comércio internacional contribui para organizar as relações de interdependência e para incentivar a cooperação entre os Estados.

d) As organizações internacionais de comércio tinham como objetivo apenas permitir que as grandes potências pudessem negociar seus interesses.

e) Nos anos 1990, a abertura das economias e a despolarização do sistema internacional levaram à criação da OMC, aprofundando a institucionalização das relações comerciais.

3. Qual das afirmações a seguir destaca os fatores que explicam as coalizões no âmbito da OMC?

a) A OMC se constitui em ambiente propício para as negociações dos países em desenvolvimento, que se organizam em coalizões, as quais devem atuar com coerência interna e precisam de peso externo para negociar com países desenvolvidos.

b) A OMC se constitui em ambiente propício para as negociações dos países em desenvolvimento, que se organizam pontualmente e não conseguem manter a coordenação por um período longo de tempo.

c) A OMC é um ambiente multilateral propício apenas para o alinhamento de países desenvolvidos e países em desenvolvimento em negociações pontuais, nas quais interesses econômicos estão em jogo.

d) Os países em desenvolvimento sempre coordenaram posições para enfrentar as grandes potências econômicas nos ambientes multilaterais, e a OMC representava esse novo espaço na década de 1990.

e) As grandes potências econômicas encontraram na OMC um ambiente propício para formar coalizões que vencessem os países em desenvolvimento em negociações multilaterais.

4. Discuta os benefícios que um país como o Brasil pode ter ao participar de uma organização internacional como a OMC.

5. Com o aumento da interdependência comercial, o regime internacional do GATT avançou para a criação da OMC. Explique o significado dessa mudança.

Questões para reflexão

1. Reflita sobre o impacto que a OMC, criada em 1994, causou sobre as relações internacionais.

2. Qual é sua avaliação sobre os benefícios do ambiente multilateral para países com o perfil do Brasil, atuantes

no comércio internacional e líderes em vários processos internacionais?

Para saber mais

WTO – World Trade Organization. Disponível em: <https://www.wto.org/index.htm>. Acesso em: 4 nov. 2020.

O *site* da Organização Mundial do Comércio (OMC) é bastante informativo, sendo possível encontrar nele todos os documentos institucionais e de posicionamento dos países-membros. Também são publicados debates sobre vários temas relacionados ao comércio internacional.

Estão disponíveis diversos dados estatísticos, documentos, relatórios, análises de especialistas, vídeos e outras publicações, que podem ser acessadas diretamente, de forma gratuita, no seguinte *link*: <https://www.wto.org/english/res_e/statis_e/wts2020_e/wts20_toc_e.htm>.

Uma característica interessante da OMC é a transparência (um dos elementos importantes para os institucionalistas). Desse modo, o material sobre instituições e processos de negociações é atualizado constantemente, tornando-se uma fonte de material empírico para pesquisadores interessados no tema do comércio internacional.

Capítulo 5

Regimes internacionais
de direitos humanos e
a justiça internacional

Conteúdos do capítulo:

- Regimes universal e regionais de direitos humanos.
- Mecanismos de *accountability* para violações de direitos humanos.
- Sistema internacional para migrações e refúgio.

Após o estudo deste capítulo, você será capaz de:

1. identificar as características e as particularidades dos regimes universal, interamericano, europeu e africano de direitos humanos;
2. compreender as diferenças entre os mecanismos de *accountability* de direitos humanos, sobretudo no que diz respeito ao direito de petição individual e à criminalização individual;
3. distinguir refugiados e migrantes, bem como identificar as principais características das migrações contemporâneas.

A discussão sobre direitos não é algo necessariamente contemporâneo. Podemos buscar exemplos na história antiga, como o Código de Hamurabi, no século XVIII a.c., na Mesopotâmia, que era usado para estabelecer leis para a boa convivência da população e se constituiu em uma fonte para a garantia de alguns direitos. Outro marco para os direitos humanos é a assinatura da Magna Carta, em 1215, na Inglaterra, que limitava o poder absoluto do rei e dava prerrogativas para o direito à justiça, conforme as leis, e não segundo a vontade discricionária do monarca. Mais tarde, houve o processo de independência dos Estados Unidos (1776), que culminou na aprovação de sua Constituição (1787) e na Declaração de Direitos (1791), as quais determinavam a proteção de liberdades dos cidadãos estadunidenses. Em 1789, na França pós-revolucionária, foi elaborada a Declaração dos Direitos do Homem e do Cidadão, segundo a qual todos nascem livres e iguais em direitos, reconhecendo-se o direito à liberdade, à prosperidade, à segurança e à resistência à opressão. Em 1864, a primeira Convenção de Genebra também começou a discutir as premissas do direito internacional humanitário, dando ênfase à proteção dos feridos de guerra e dos civis.

Essa breve introdução histórica sobre o desenvolvimento de instrumentos normativos – em sua maioria, mais pontuais – para a defesa dos direitos humanos evidencia que tais eventos geraram raízes para que a questão de direitos ganhasse centralidade no século XX. Cabe também enfatizarmos que as normativas e os instrumentos que servem de parâmetro para os direitos humanos são múltiplos, constituindo diversos regimes de direitos humanos (Muñoz, 2017). Como exemplos, podemos mencionar o regime das Nações Unidas (considerado universal), o regime europeu, o regime interamericano e o regime africano.

(5.1)
Regime universal de direitos humanos

Apesar de os horrores do nazismo e da Segunda Guerra Mundial não conseguirem explicar plenamente como o regime internacional de direitos humanos passou a se desenvolver na velocidade observada a partir da segunda metade do século XX, esses são momentos-chave em que, segundo Piovesan (2014a), emergiu a necessidade de reconstrução do valor dos direitos humanos como paradigma e referencial ético a orientar a ordem internacional. Isso porque o regime doméstico se mostrou ineficiente para barrar a perpetração de tais atrocidades, fazendo-se necessária a consolidação de uma ordem internacional e do direito internacional dos direitos humanos. De acordo com Piovesan (2014a, p. 19),

> *A necessidade de uma ação internacional mais eficaz para a proteção dos direitos humanos impulsionou o processo de internacionalização desses direitos, culminando na criação sistemática normativa de proteção internacional, que faz possível a responsabilização do Estado no domínio internacional quando as instituições nacionais se mostram falhas ou omissas na tarefa de proteger os direitos humanos.*

Um dos marcos para o estabelecimento desse novo paradigma internacional em relação aos direitos humanos é a assinatura da Declaração Universal dos Direitos Humanos (DUDH), aprovada pelos 58 Estados-membros na Assembleia Geral das Nações Unidas em 1948. Contudo, devemos esclarecer que esse documento não é vinculante, já que não tem o formato de tratado internacional, ou seja, conforme o direito internacional, não tem o mesmo valor jurídico de um tratado – este, com a ratificação doméstica, tem seu cumprimento obrigatório. No entanto, Piovesan (2012) defende que a DUDH teria força jurídica obrigatória e vinculante, pois constitui a interpretação autorizada da expressão *direitos humanos* que está contida na Carta da Organização das Nações Unidas (ONU), que é, por sua vez, um tratado internacional (Piovesan, 2012, p. 213).

Ramos (2013, p. 21) afirma que a referida declaração foi "o marco da universalidade e inerência dos direitos", visto que bastaria a condição humana para ser titular desses direitos. É também relevante destacarmos que a DUDH presume a indivisibilidade e a interdependência dos direitos humanos, ou seja, o cumprimento de um direito implica o cumprimento de todos os demais, pois estão todos conectados e são dependentes da realização um do outro.

Apesar de ser também alvo de críticas por ter sido elaborado por um número restrito de países, sobretudo ocidentais, esse documento é de fato um marco para o tema nas relações internacionais contemporâneas, já que acabou por influenciar o texto de outros tratados internacionais e até de constituições nacionais. A DUDH, junto ao Pacto Internacional dos Direitos Civis e Políticos (1966) e ao Pacto Internacional dos Direitos Econômicos, Sociais e Culturais (1966), constitui o que as Nações Unidas têm chamado de *Carta Internacional dos Direitos Humanos*, definindo parâmetros para a proteção e a promoção dos direitos humanos aos Estados-membros da ONU.

Ainda podemos citar outros documentos elaborados posteriormente à DUDH, alguns dos quais têm um comitê de monitoramento permanente. Vejamos a seguir (o ano entre parênteses corresponde ao ano de aprovação, e não da entrada em vigor do documento, o que exige um número mínimo de ratificações das assinaturas):

- Convenção para a Prevenção e a Repressão do Crime de Genocídio (1948);
- Convenção sobre a Eliminação de Todas as Formas de Discriminação Racial (1965);
- Convenção sobre a Eliminação de Todas as Formas de Discriminação contra as Mulheres (1979);
- Convenção contra a Tortura e Outros Tratamentos ou Penas Cruéis, Desumanas ou Degradantes (1984);
- Convenção sobre os Direitos da Criança (1989);
- Convenção sobre os Direitos das Pessoas com Deficiência (2006).

A questão da falta de um poder coercitivo que garanta o cumprimento de obrigações internacionais de proteção dos direitos humanos ou o *accountability* a respeito do tema é amplamente analisada na literatura de relações internacionais. Alguns entendem haver um constrangimento moral em cumprir os tratados, o chamado *power of shame*. Se observarmos o debate proposto entre realistas e idealistas para as motivações e as pressões que fazem os Estados nacionais firmarem tratados de direitos humanos, poderemos afirmar que os realistas consideram que os países são coagidos pelas grandes potências a assinarem os referidos documentos e a se associarem a regimes de direitos humanos; já os idealistas avaliam que é a sociedade civil transnacional que persuade os países a assinar tais documentos.

> Não há uma palavra em português que consiga sintetizar de maneira completa e precisa o conceito de *accountability*, apesar de o termo ser usado como sinônimo de *responsabilização, transparência* e *prestação de contas*. Segundo Grant e Keohane (2005, p. 29, tradução nossa), que escrevem sobre o tema pela perspectiva da política internacional, *accountability* "implica que alguns atores têm o direito de manter outros atores sob um conjunto de padrões, de julgar se eles cumpriram com suas responsabilidades à luz desses padrões e de impor sanções quando determinarem que essas responsabilidades não foram atendidas".

Moravcsik (2000), por outro lado, faz uma análise que vai para além da mera divergência entre realistas e idealistas: segundo ele, foram as democracias recém-criadas, e não as potências ou as sociedades transnacionais, as maiores propulsoras de compromissos internacionais de direitos humanos, já que tais democracias seriam influenciadas pelos interesses domésticos em consolidá-las. Ainda nesse debate, Neumayer (2005), em seu artigo "Do International Human Rights Treaties Improve Respect for Human Rights?", defende que a ratificação de tratados de direitos humanos não tem efeitos incondicionais nos direitos humanos e que, às vezes, em governos menos democráticos, pode até piorar o nível de violações, visto que sua assinatura serviria como um "escudo" contra pressões externas da comunidade internacional, garantindo a perpetuação de mais violações. Logo, o impacto da assinatura desses tratados deveria estar condicionado ao nível de democracia do país e à atuação de organizações não governamentais (ONGs) domésticas que pressionassem os Estados ao cumprimento das diretrizes.

Com relação a isso, a própria ONU admite que ainda há seletividade e muita retórica sobre o cumprimento de direitos humanos pelos Estados-membros. Conforme o discurso de abertura do então alto comissário das Nações Unidas para os direitos humanos (2014-2018), Zeid Ra'ad Al Hussein (2015), no Conselho de Direitos Humanos da ONU, os Estados seguem uma dinâmica de "pick and choose between rights" (ou seja, existe a possibilidade de "escolher" direitos), advogando para a proteção de alguns direitos, mas abertamente violando outros em prol de seus interesses nacionais. Isso fica evidente, por exemplo, na atual situação dos refugiados que tentam imigrar para a Europa. Al Hussein (2015, tradução nossa) completa:

Um governo apoiará integralmente os direitos humanos das mulheres e da comunidade LGBT, mas se recusará a qualquer sugestão de que esses direitos sejam estendidos a migrantes em situação irregular. Outro Estado pode observar escrupulosamente o direito à educação, mas eliminará brutalmente visões políticas opostas.

Para contraporem essa fragilidade do cumprimento dos direitos humanos, as Nações Unidas desenvolveram um sistema permanente composto por alguns instrumentos, como veremos a seguir.

Conselho de Direitos Humanos

O Conselho de Direitos Humanos é um órgão subsidiário da Assembleia Geral, estabelecido em 2006, com 47 assentos eleitos para um mandato de três anos, em composição distribuída conforme critérios geográficos (13 para países africanos; 13 para países asiáticos/do Pacífico; 8 para a América Latina e o Caribe; 7 para a Europa Ocidental; e 6 para a Europa Oriental). O Conselho substituiu a Comissão das Nações Unidas para Direitos Humanos (órgão criado em 1946), por meio da Resolução n. 60/251 da Assembleia Geral da ONU, que também apresentou uma novidade central: a criação da Revisão Periódica Universal (RPU), a qual, de alguma forma, responde parcialmente às demandas por mais mecanismos de *accountability* internacional para a não violação de direitos humanos.

A RPU é um processo de revisão da situação dos direitos humanos em todos os Estados-parte que ocorre a cada quatro anos. Busca-se verificar o cumprimento das diretrizes contidas na DUDH e nos tratados internacionais referentes à situação dos direitos humanos em nível doméstico de todos os países. Isso é feito por meio de um relatório oficial elaborado pelo próprio Estado nacional e submetido ao Conselho, o qual, por meio de sorteio, define três outros países responsáveis por avaliar e fazer recomendações atinentes ao relatório. Também são levadas em consideração informações adicionais, que podem ser transmitidas por organizações da sociedade civil que trabalham com a temática no país avaliado. No final do processo, o país deve se apresentar ao Conselho, ocasião em que todos os países podem esclarecer dúvidas e fazer comentários sobre o relatório apresentado, bem como recomendações. O país deve prestar contas posteriormente sobre o cumprimento das sugestões.

Além da RPU, o Conselho também tem a possibilidade de estabelecer procedimentos especiais, elaborados por especialistas e grupos de trabalho responsáveis por realizar visitas de campo, consultorias técnicas e estudos temáticos sobre questões definidas pelo órgão, como migrações, água, igualdade de gênero, tráfico de pessoas, entre outras, ou ainda sobre questões específicas de países-membros. As análises devem ser reportadas anualmente ao Conselho de Direitos Humanos e à Assembleia Geral.

Ademais, o Conselho conta com um mecanismo de recebimento de denúncias de violações de direitos humanos, as quais são analisadas por grupos de trabalho. Há também a possibilidade de estabelecer comissões de investigação.

Por fim, vale observarmos que o Conselho e a RPU foram considerados uma inovação importante no regime internacional de direitos humanos. Porém, apesar de ser uma forma de escrutínio do cumprimento de mecanismos de promoção e de garantia de direitos humanos, a atuação do Conselho ainda é limitada pelo fato de suas decisões serem recomendatórias, sem peso de vinculação legal.

Alto Comissariado das Nações Unidas para os Direitos Humanos (ACNUDH)

O Alto Comissariado das Nações Unidas para os Direitos Humanos (ACNUDH) tem a missão de transversalizar a questão de direitos humanos em todo o sistema ONU, bem como de ser o secretariado do Conselho de Direitos Humanos. Além disso, dá apoio a todas as instâncias de monitoramento de direitos humanos e atua nos territórios com diferentes projetos de formação, em colaboração com governos e com a sociedade civil.

A pessoa que ocupa o cargo de alto comissário é a maior autoridade de direitos humanos do sistema ONU. É indicada pelo secretário-geral (a quem seu escritório responde) mediante aprovação da Assembleia Geral. Atualmente, o cargo é ocupado pela ex-presidente do Chile Michelle Bachelet (desde 2018).

(5.2)
Tribunal Penal Internacional (TPI)

Os tribunais internacionais de direitos humanos permanentes sucederam tribunais *ad hoc*, criados de forma temporária para investigar e julgar criminalmente violações cometidas por indivíduos após suas perpetrações. Podemos destacar o histórico Tribunal de Nuremberg, estabelecido no pós-Segunda Guerra Mundial para julgar especificamente crimes do regime nazista, e os Tribunais Internacionais para a ex-Iugoslávia (1993) e para Ruanda (1994). Apesar de terem tido um papel de extrema relevância para a memória, a verdade e a reparação das vítimas e dos familiares quanto às atrocidades cometidas nesses contextos, a existência de tribunais permanentes e mais abrangentes mostrava-se também relevante e necessária.

A questão do *accountability* individual penal

Segundo Sikkink e Kim (2013), que apresentam o conceito de *cascata da justiça*, composta pelos instrumentos de julgamento criminal internacional e doméstico e pelas normas do direito internacional, há uma nova tendência da política internacional sobre o *accountability* de violações de direitos humanos. Para as autoras, *accountability* seria a ação de colocar atores sob um conjunto de regras, impondo sanções caso essas diretrizes não sejam cumpridas.

O fim da Guerra Fria, a prevalência de regimes democráticos e o fortalecimento do movimento global de direitos humanos acabaram por fortalecer um novo tipo de *accountability* em face de violações de direitos humanos: o *accountability* individual penal. Assim, violações de direitos humanos não podem ser legitimadas ou acobertadas pelo Estado, devendo ser consideradas crimes cometidos por indivíduos, os quais devem ser julgados de forma justa.

Assim, reforça-se a ideia estabelecida pelo Tribunal de Nuremberg (1945) de que agir em obediência a um governo ou a um superior não exime a responsabilidade individual da violação de direitos humanos. Essa questão fica evidente no caso do julgamento de Adolf Eichmann, integrante do governo nazista que alegava estar apenas "cumprindo ordens" ao organizar os deslocamentos forçados dos judeus a campos de concentração. Esse episódio ficou conhecido por meio do livro *Eichmann em Jerusalém*, de Hannah Arendt, a qual acompanhou e relatou esse processo de julgamento nos anos 1960.

Ainda no que diz respeito à evolução dos direitos humanos e de seu sistema de proteção, Cançado Trindade (2012) ressalta os avanços quanto à presença da vítima em procedimentos internacionais legais. Ele compara os tribunais internacionais *ad hoc*, em que as vítimas tinham papel limitado ao de testemunhas, participando de uma parte restrita do processo de julgamento dos casos, à evolução do próprio direito internacional dos direitos humanos, que culminou na criação do Tribunal Penal Internacional (TPI), estabelecido pelo Estatuto de Roma, em 1998, com o início efetivo de suas operações em 2002, após a sexagésima ratificação do documento.

Janina Onuki | Kelly Komatsu Agopyan

O TPI já estava previsto na Convenção para a Prevenção e a Repressão do Crime de Genocídio, de 1948, como uma forma de julgar os crimes de genocídio. O Estatuto de Roma, no entanto, ao mesmo tempo que ampliou, também especificou sua jurisdição sobre quatro tipos de crimes:

1. crime de genocídio;
2. crimes contra a humanidade;
3. crimes de guerra;
4. crime de agressão.

Com sede em Haia, nos Países Baixos, o TPI é composto por 18 juízes, que cumprem um mandato de nove anos. Ele não faz parte da ONU, apesar de manter um acordo de cooperação que prevê consulta mútua em temas de interesse comum.

> Não se deve confundir o Tribunal Penal Internacional (TPI) com a Corte Internacional de Justiça (CIJ). Esta faz parte da ONU e constitui o principal órgão judiciário da organização, que sucede a Corte Permanente de Justiça Internacional. Para saber mais, veja o Capítulo 2 deste livro.

O TPI inova no papel conferido às vítimas, que passam a participar de todos os estágios do processo de julgamento e a poder obter representação legal se necessário. A vítima tem papel de centralidade no processo de investigação penal. Ainda no âmbito do assessoramento e apoio às vítimas, foi criado, em 2004, no TPI, o Fundo em Favor das Vítimas, que tem por objetivo realizar as reparações determinadas por essa corte e fornecer suporte físico, psicológico e material às vítimas e a seus familiares. Com o advento do Estatuto de Roma, estabeleceu-se uma justiça que não é apenas punitiva e sancionadora, mas também reparadora.

Ainda nesse sentido, Cançado Trindade (2006) enfatiza que há um movimento de complementaridade entre o direito internacional penal e o direito internacional dos direitos humanos no que diz respeito ao reforço da proteção à vítima, com o intuito de garantir maior benefício aos indivíduos. Segundo o autor,

A subjetividade internacional do indivíduo, dotado, ademais, de capacidade jurídico-processual internacional para fazer valer os seus direitos, constitui, em última análise, a grande revolução jurídica operada pelo Direito Internacional dos Direitos Humanos ao longo da segunda metade do século XX, e hoje consolidada de modo irreversível. (Cançado Trindade, 2006, p. 413)

A capacidade jurídico-processual internacional do indivíduo se materializa em face dos tribunais internacionais: agora, além de Estados, os indivíduos em cargos oficiais podem ser julgados por perpetrações que cometeram no exercício de seu poder e não podem usar seu cargo político para se eximirem de suas responsabilidades penais. Esse é o caso, por exemplo, de Slobodan Milosevic, ex-presidente da Iugoslávia, julgado em 1999 por crimes de guerra ainda no Tribunal Penal Internacional para a ex-Iugoslávia (*ad hoc*), e de Omar al-Bashir, ex-presidente do Sudão, julgado já pelo TPI em 2009 por crimes cometidos na região de Darfur.

A importância de haver um tribunal com jurisdição penal é destacada também por Comparato (2015, p. 476):

A instituição de um regime de autêntica cidadania mundial, em que todas as pessoas, naturais ou jurídicas, de qualquer nacionalidade, tenham direitos e deveres em relação à humanidade como um todo, e não apenas umas em relação às outras pela intermediação dos respectivos Estados, supõe, entre outras providências, a fixação de regras de responsabilidade penal em escala planetária, para sancionar a prática de atos que lesam a dignidade humana.

Vale lembrarmos que a jurisdição do TPI é complementar à do Estado nacional e condicionada à incapacidade ou à omissão do sistema judicial interno, como ressalta Piovesan (2013). Assim, é dever primário do próprio Estado nacional garantir a responsabilização penal de crimes cometidos em seu território. Contudo, diferentemente de outros tribunais internacionais não penais, o Estatuto de Roma não exige como requisito de admissibilidade de um caso o exaurimento de todos os recursos domésticos (Piovesan, 2013).

Também é preciso notar que a jurisdição do TPI abrange apenas pessoas maiores de 18 anos e crimes praticados após a entrada em vigor do Estatuto de Roma, em 2002. Além disso, o Tribunal se direciona somente a situações nas quais o Estado em que foi cometido o crime ou o Estado de nacionalidade do acusado tenha assinado o Estatuto. Portanto, o TPI julga crimes denunciados por um Estado-parte, pelo Conselho de Segurança das Nações Unidas ou pelo procurador do TPI, eleito pelos Estados-parte signatários do Estatuto.

Finalmente, cabe destacarmos que o TPI vem sendo alvo de críticas, sobretudo em relação à sua efetividade. Como países de grande relevância internacional, principalmente no que diz respeito à violação de direitos humanos, a exemplo de Estados Unidos, China e Rússia, não ratificaram o Estatuto de Roma, muitos questionam a eficácia do Tribunal. Além disso, há a questão de o foco das investigações e, consequentemente, das condenações recair, sobretudo, em líderes de países do continente africano, demonstrando que o Tribunal também pode ser enviesado, o que gera um mal-estar na relação com os países dessa região.

(5.3)
SISTEMA INTERAMERICANO DE DIREITOS HUMANOS

O Sistema Interamericano de Direitos Humanos teve como marco inicial a Declaração Americana dos Direitos e Deveres do Homem (DADDH) durante a IX Conferência Internacional Americana, realizada em Bogotá, em 1948. A DADDH antecede a Declaração Universal dos Direitos Humanos (DUDH), sendo então o primeiro documento mais abrangente sobre a temática. Entretanto, assim como a DUDH, tem apenas caráter declarativo, sem ser vinculante.

Durante a Conferência de Bogotá, também foi aprovada a Carta da Organização dos Estados Americanos (OEA). Em seu art. 106, a carta prevê a criação de uma Comissão Interamericana de Direitos Humanos (CIDH), que teria como principal função "promover o respeito e a defesa dos direitos humanos e servir como órgão consultivo da Organização em tal matéria" (OEA, 1948, p. 29). A CIDH foi finalmente criada em 1959 e constituiu-se no primeiro órgão efetivo de direitos humanos interamericano, segundo Héctor Fix-Zamudio (citado por Piovesan, 2013), usando como marcos referenciais o cumprimento da própria carta da OEA e a DADDH.

Alguns anos depois de ser criada, a CIDH começou a realizar visitas de campo para monitorar a situação de direitos humanos e a divulgar informes especiais. Em 1965, o órgão passou a ter a atribuição de receber e investigar denúncias individuais e de ONGs a respeito da violação de direitos humanos. Cabe então destacarmos que o regime interamericano prevê o direito de **petição individual** na apresentação de denúncias de violações de direitos humanos, o que poderia ser considerado um importante diferencial em relação ao TPI, apesar de sua jurisdição contemplar apenas denúncias relacionadas a Estados-membros da OEA (e não a indivíduos, como no caso do TPI).

Em 1969, foi aprovada a Convenção Americana sobre Direitos Humanos, na Conferência Especializada Interamericana sobre Direitos Humanos, realizada em San José da Costa Rica. O documento entrou em vigor nove anos mais tarde, ratificado por 25 países da região, que também eram Estados-parte da OEA.

A Convenção instrumentalizou dois órgãos: a própria CIDH e a Corte Interamericana de Direitos Humanos.

A **Comissão Interamericana de Direitos Humanos (CIDH)** é composta por sete membros de reconhecimento e autoridade na temática de direitos humanos, nacionais de qualquer um dos Estados-membros da OEA, eleitos na Assembleia da organização para um mandato de quatro anos. Piovesan (2013) indica as funções da Comissão citando Héctor Fix-Zamudio e César Sepúlveda:

1. conciliar conflitos entre Estados e grupos sociais que considerem ter seus direitos violados;
2. assessorar os Estados sobre questões referentes a direitos humanos;
3. criticar a situação de direitos humanos dos Estados;
4. legitimar a ação de Estados na reparação de atitudes violadoras;
5. promover direitos humanos;
6. proteger direitos humanos em Estados violadores.

A Comissão continuou com a responsabilidade de receber denúncias de indivíduos e de organizações da sociedade civil. É importante ressaltarmos que cabe ao órgão acatar petições inclusive contra Estados-membros da OEA que não são signatários da Convenção Interamericana, tendo em vista a observância da DADDH. Um Estado pode ser considerado responsável por violações de direitos humanos seja por atuação direta, seja por aquiescência (consentimento tácito), seja ainda por omissão. A admissibilidade das denúncias leva em consideração o esgotamento do direito interno de julgar o caso ou uma injustificada demora processual, como é o caso descrito a seguir.

> ## Caso Maria da Penha: Brasil *versus* CIDH
>
> A brasileira Maria da Penha Maia Fernandes sofreu duas tentativas de homicídio do próprio marido, e uma delas a deixou paraplégica. Maria da Penha recorreu à justiça doméstica e por 17 anos aguardou julgamento de seu caso, até recorrer à CIDH, que afirmou a responsabilidade do Brasil em relação à tolerância injustificada em face da violência doméstica contra mulheres, tendo em vista que isso descumpria dois instrumentos interamericanos de direitos humanos:
> - a **Convenção Americana sobre Direitos Humanos**, que prevê, em seus arts. 8º e 25, o direito de acesso a recursos judiciais e a possibilidade de o indivíduo ser ouvido por uma autoridade ou tribunal competente quando considerar que seus direitos foram violados (OEA, 1969);
> - a **Convenção Interamericana para Prevenir, Punir e Erradicar a Violência contra a Mulher**, ou **Convenção de Belém do Pará**, que prevê, em seu art. 7º, a ação do Estado para eliminar a tolerância à violência doméstica (OEA, 1994).
>
> Esse episódio culminou na formulação da Lei Maria da Penha – Lei nº 11.340, de 7 de agosto de 2006 (Brasil, 2006).

Por sua vez, a **Corte Interamericana de Direitos Humanos** é igualmente composta por sete membros, cidadãos dos Estados-parte da OEA. A escolha dos juízes da Corte é feita pelos Estados-parte da Convenção. A Corte é um órgão consultivo para a interpretação e a aplicação da própria Convenção e dos tratados de direitos humanos da região; também é uma instituição contenciosa de solução de controvérsias para julgamento de casos de Estados-parte da Convenção. Apenas Estados e a Comissão Interamericana podem submeter casos à Corte, e as decisões tomadas nesse órgão são vinculativas.

> **Caso Gomes Lund *versus* Brasil**
>
> Em 2010, a Corte Interamericana de Direitos Humanos condenou o Brasil por conta do desaparecimento de membros da Guerrilha do Araguaia, pertencentes a um grupo composto por militantes de esquerda durante o período da ditadura militar. O grupo era atuante sobretudo no Estado do Pará e foi intensamente reprimido pelo governo da época. Foi a primeira sentença contra o Brasil em relação a crimes cometidos durante a ditadura militar.
>
> A Corte determinou medidas de reparação ao Estado brasileiro, para que fossem investigadas, processadas e sancionadas as pessoas responsáveis pelos desaparecimentos, e indicou que a Lei de Anistia (Brasil, 1979) é incompatível com o cumprimento da Convenção Americana, já que a lei viola o dever de investigação e punição de violações de direitos.

(5.4) Sistema Europeu e Sistema Africano de Direitos Humanos

O **Sistema Europeu de Direitos Humanos** pode ser considerado o mais consolidado. Após os horrores da Segunda Guerra Mundial, foi criado, em 1949, o Conselho da Europa, uma organização com sede em Estrasburgo, com o objetivo de garantir o Estado de direito e a estabilidade política e social no continente europeu, com base em princípios democráticos e por meio da promoção dos direitos humanos. Cinco foram os países considerados os fundadores do Conselho: Reino Unido, Alemanha (Ocidental), França, Bélgica e Itália. Atualmente, 47 Estados são membros do Conselho, que expandiu sua abrangência para além da Europa e incluiu países como Armênia e Azerbaijão, por exemplo, além de englobar mais seis países como observadores (entre eles, Estados Unidos e Canadá).

> Não se deve confundir o Conselho da Europa com o Conselho Europeu. Este último é órgão decisório da União Europeia.

Em 1950, foi adotada a Convenção para a Proteção dos Direitos do Homem e das Liberdades Fundamentais, que entrou em vigor em 1953. Previa a criação de uma Corte Europeia de Direitos Humanos, a qual foi instituída em 1959, mas que foi alterada para o formato atual em 1998. A exemplo das cortes de outros regimes de direitos humanos, a Corte Europeia é responsável por monitorar os direitos humanos e por receber denúncias de violações.

> Assim como o regime interamericano, o regime europeu também tinha uma Comissão de Direitos Humanos e uma Corte de Direitos Humanos. Suas funções foram, no entanto, unificadas por meio de alterações à Convenção para a Proteção dos Direitos do Homem e das Liberdades Fundamentais promovidas pelo Protocolo nº 11, de 1998.

Já o **Sistema Africano de Direitos Humanos**, mais recente, é composto pela Carta Africana dos Direitos Humanos e dos Povos, firmada em 1981 pela União Africana (então Organização da Unidade Africana). Cabe ressaltarmos, conforme destaca Piovesan (2013, p. 197), a referência desse documento às "tradições históricas e aos valores da civilização africana" bem como à "perspectiva coletivista, que empresta ênfase aos direitos dos povos". A carta determinou a criação de uma Comissão Africana dos Direitos Humanos e dos Povos, e a Corte Africana de Direitos Humanos e Direitos dos Povos foi estabelecida pelo art. 1º do protocolo adicional à referida carta, em 2004.

As duas cortes, europeia e africana, têm competência contenciosa, ou seja, têm jurisdição para julgar casos contra Estados que assinaram as convenções correspondentes. Contudo, diferentemente da Corte Interamericana, em que as denúncias só podem ser feitas por Estados-partes das respectivas convenções ou pela CIDH, as cortes europeia e africana podem receber denúncias de violações diretamente de pessoas e de ONGs, o que representa uma ampliação significativa do acesso de indivíduos às instâncias internacionais de proteção dos direitos humanos.

Assim, com esse panorama em vista, podemos citar Cançado Trindade (2010, p. 44, grifo do original) em seu artigo "Os tribunais internacionais contemporâneos e a busca da realização do ideal da justiça internacional":

> O fenômeno da multiplicidade dos tribunais internacionais é próprio de nossos tempos. Os tribunais internacionais contemporâneos têm contribuído decisivamente para a expansão da jurisdição internacional, assim como para a afirmação e consolidação da personalidade e capacidade jurídicas internacionais do ser humano, como sujeito tanto ativo (ante os tribunais internacionais de direitos humanos) como passivo (ante os tribunais penais internacionais) do Direito Internacional. Do mesmo modo, os tribunais internacionais contemporâneos têm operado no sentido de ampliação e sofisticação do capítulo da **responsabilidade** internacional.

Essa expansão da jurisdição internacional é refletida na pluralidade de tribunais regionais de proteção de direitos humanos, os quais funcionam paralelamente e são considerados como mecanismos complementares à jurisdição doméstica de proteção dos direitos dos indivíduos.

(5.5)
Direitos humanos e o fenômeno das migrações

O fenômeno das migrações não é uma novidade dos dias atuais, já que o deslocamento massivo de migrantes fez parte da história do século XX, marcado por grandes guerras e também por graves crises econômicas e perseguições étnicas.

Vivemos, na atualidade do século XXI, o maior deslocamento forçado de pessoas desde a Segunda Guerra Mundial, sobretudo devido à continuidade de conflitos e guerras civis, cada vez mais duradouros, ou ainda ao agravamento de questões ambientais ou desastres ecológicos. São conflitos que se arrastam há quase uma década, como a Guerra na Síria (desde 2011), ou eventos como o terremoto que devastou o Haiti (2010), exemplos de episódios que expulsaram e ainda expulsam milhares de pessoas em direção a outros locais com melhores condições de vida, seja por meio de deslocamento forçado interno, seja pelo cruzamento de fronteiras internacionais. As motivações de ordem econômica, como no caso da recente crise de desabastecimento na Venezuela, agravada em 2019, também acabam por deslocar forçadamente pessoas, inclusive em direção ao Brasil.

Cabem então esclarecimentos conceituais sobre as diferentes modalidades de migrantes, segundo estabelecido pelo direito internacional. Estão aptos a receber o *status* de refugiados, podendo acessar o Sistema Internacional de Refúgio, aqueles que demandam proteção específica internacional para a não devolução ao seu território de origem, em virtude de fundado temor de perseguição por motivos de raça, religião, nacionalidade, opinião política ou participação em grupos sociais. Ou seja, o Estado nacional de origem já não consegue ou não quer cumprir com sua responsabilidade de proteger (R2P) – conceito abordado no Capítulo 3 deste livro. Muitas vezes, o refúgio é concedido pelas autoridades nacionais com o apoio do Alto Comissariado das Nações Unidas para Refugiados (Acnur), agência da ONU criada em 1950 por resolução da Assembleia Geral.

> O Acnur tem mandato de atuação específica com refugiados, solicitantes de refúgio, deslocados internos, apátridas e retornados (refugiados e solicitantes de refúgio que voltam a seus países de origem de forma voluntária). O aspecto da migração, sob uma perspectiva mais abrangente, é tratado também pela Organização Internacional para as Migrações (OIM).

Desse modo, não recebem o *status* de refugiados aqueles migrantes que se deslocaram por motivações de cunho climático ou econômico. Todavia, em situações como a do Haiti, em que desastres ambientais acabaram por agravar uma crise humanitária, foram concedidos vistos de caráter especial humanitário, que permitem o acesso desses migrantes à residência temporária no país de acolhida (como foi o caso do Brasil).

O entendimento internacional sobre a questão do refúgio está expresso na Convenção das Nações Unidas Relativa ao Estatuto dos Refugiados, de 1951, que consolida instrumentos internacionais legais prévios sobre refugiados, fornecendo a codificação dos direitos dos refugiados em nível internacional. No entanto, essa convenção abrange apenas eventos ocorridos até aquele ano no continente europeu, especialmente os consequentes da Segunda Guerra Mundial. Assim, anos mais tarde, foi firmado o Protocolo de 1967, que atualizou a referida convenção e passou a abranger todos os refugiados, independentemente de espaço geográfico e temporal. Apesar de relacionados, ambos os documentos são independentes, e isso significa que um país signatário de um não tem de sê-lo obrigatoriamente do outro.

Neste ponto, é importante fazermos menção também aos apátridas, pessoas que nascem sem nacionalidade ou que têm sua nacionalidade retirada pelo Estado, ficando sem proteção de um Estado nacional. O Acnur estima que há pelo menos 10 milhões de apátridas ou pessoas com risco de se tornarem apátridas no mundo. Essa questão foi codificada pela Convenção Relativa ao Estatuto dos

Apátridas, de 1954, e pela Convenção para a Redução dos Casos de Apatridia, de 1961.

Brasil: marcos legais referentes à temática das migrações

A base legal que orientava as ações referentes a migrações no território brasileiro era denominada *Estatuto do Estrangeiro* – Lei nº 6.815, de 19 de agosto de 1980, elaborada durante o período ditatorial. Nessa lei, a questão da migração era vista sob a ótica da segurança nacional e como uma possível ameaça aos interesses políticos e econômicos da população brasileira.

Após quase 40 anos da vigência de uma lei considerada retrógrada em relação à temática, o referido estatuto foi finalmente atualizado pela chamada *Lei de Migração* – Lei nº 13.445, de 24 de maio de 2017. Passou-se então a olhar o migrante da perspectiva dos direitos, do acesso a políticas públicas e da não criminalização das migrações. Esse novo olhar é um reflexo também das mobilizações e do *advocacy* realizado pelas organizações da sociedade civil que trabalham na área, em um processo que teve início em 2014 com a Conferência Nacional sobre Migrações e Refúgio.

Com relação ao tema do refúgio, o Brasil aprovou a denominada *Lei do Refúgio* – Lei n. 9.474, de 22 de julho de 1997 – a qual expandiu o entendimento sobre o *status* de refugiado com o inciso III, em que alude também a graves violações de direitos humanos:

Art. 1º Será reconhecido como refugiado todo indivíduo que:

I – devido a fundados temores de perseguição por motivos de raça, religião, nacionalidade, grupo social ou opiniões políticas encontre-se fora de seu país de nacionalidade e não possa ou não queira acolher-se à proteção de tal país;

II – não tendo nacionalidade e estando fora do país onde antes teve sua residência habitual, não possa ou não queira regressar a ele, em função das circunstâncias descritas no inciso anterior;

*III – **devido a grave e generalizada violação de direitos humanos**, é obrigado a deixar seu país de nacionalidade para buscar refúgio em outro país.* (Brasil, 1997, grifo nosso)

> Não há uma tradução precisa para o termo *advocacy* para o português. Por vezes, pode ser associado a ações no âmbito jurídico conectadas ao ato de advogar. Contudo, no contexto que estamos enfocando, seria mais apropriada a definição de Libardoni (2000, p. 2), segundo a qual *advocacy* são
>
> *iniciativas de incidência ou pressão política, de promoção e defesa de uma causa e/ou interesse, e de articulações mobilizadas por organizações da sociedade civil com o objetivo de dar maior visibilidade a determinadas temáticas ou questões no debate público e influenciar políticas visando à transformação da sociedade.*

Persiste, entretanto, a grande carga de preconceito e despreparo dos países receptores de migrantes, sobretudo em contextos de recessão econômica e medidas de austeridade, violando preceitos do direito internacional de direitos humanos no que diz respeito ao trato com migrantes e refugiados e a seus direitos à assistência, segundo a Convenção de 1951. Apesar da grande publicização do deslocamento de sírios à Europa, com as respostas negativas de países europeus aos refugiados, como o fechamento de fronteiras, foram os países vizinhos à Síria que mais receberam migrantes, como a Turquia – nação com maior recepção de refugiados do mundo – e o Líbano, país em que uma em cada quatro pessoas é refugiada (mais de um milhão de pessoas no total).

Segundo dados do Acnur (2020) em relação ao ano de 2019, quase 80 milhões de pessoas são obrigadas a se deslocar no mundo – desse total, mais de 45 milhões são deslocados internos (ou seja, dentro do próprio país de origem), 26 milhões são refugiados e mais de 4 milhões são solicitantes de refúgio. Desses deslocados, 73% residem em países vizinhos e 40% são crianças. Em termos mundiais, 68% dos refugiados vêm apenas de cinco países: Síria (6,6 milhões),

Venezuela (3,7 milhões), Afeganistão (2,7 milhões), Sudão do Sul (2,2 milhões) e Mianmar (1,1 milhão). Tendo em vista a necessidade de a comunidade internacional dar uma resposta acerca do deslocamento massivo de pessoas, em 2016 foi pactuada, durante a Reunião de Alto Nível sobre Grandes Movimentos de Refugiados e Migrantes, a Declaração de Nova Iorque para Refugiados e Migrantes (ONU, 2016), que, apesar de seu caráter não vinculativo, mas apenas declarativo, conseguiu alcançar alguns avanços, em especial no que diz respeito ao consenso de se olhar para a questão migratória sob o viés dos direitos humanos. Passou-se também a pensar em uma abordagem mais abrangente para responder aos desafios impostos quanto a essa temática: expandir soluções de recepção para outros países além daqueles de abrigo direto, buscar a autossuficiência dos refugiados e apoiar as condições dos países de origem para que seja possível um retorno seguro. Uma das etapas previstas pela referida declaração foi o estabelecimento do Pacto Global sobre Refugiados, aprovado pela Assembleia Geral em 2018, também um documento não vinculativo.

Síntese

Neste quinto capítulo, tratamos da iminência de se criarem instrumentos de garantia de direitos aos indivíduos, sobretudo após as atrocidades vividas durante as duas grandes guerras mundiais. O regime universal de direitos humanos, amplamente difundido por meio da Declaração Universal dos Direitos Humanos (DUDH), foi instrumentalizado sobretudo pela Organização das Nações Unidas (ONU) e por sua estrutura. Além do regime universal, que recebe críticas por ser norteado por princípios majoritariamente ocidentais, foram estabelecidos regimes regionais, de forma a expandir e a fortalecer as garantias de direitos humanos, levando-se em consideração particularidades regionais.

Com relação a isso, também destacamos a consolidação dos mecanismos de responsabilização pela violação de direitos humanos, tanto de Estados nacionais como de seus indivíduos, inclusive com a condenação de líderes de Estados. Vimos que a criação de tribunais permanentes de justiça foi de grande relevância para a garantia de reparação de direitos humanos, constituindo-se como mais um recurso para os nacionais denunciarem tais violações.

Ademais, analisamos as características dos movimentos migratórios e de refúgio globais contemporâneos, distinguindo migrantes e refugiados conforme as diretrizes do direito internacional. Há organizações e regimes internacionais específicos que atuam diretamente com esses grupos, de forma a assegurar sua dignidade e seus direitos. Apesar de muito se comentar sobre uma crise de refugiados do Oriente Médio rumo ao continente europeu, os dados mostram que os maiores receptores desse tipo de migrante são os países vizinhos.

Por fim, mencionamos que o Brasil também tem uma estrutura normativa para garantir direitos básicos a esses grupos, na qual a sociedade civil organizada tem um papel fundamental de *advocacy*.

Questões para revisão

1. Sobre os regimes de direitos humanos, aponte a alternativa correta:
   a) A maioria dos países do mundo assinou e ratificou a Declaração Universal dos Direitos Humanos, demonstrando sua preocupação e seu engajamento com a pauta.

b) Por se tratar de um documento universal, a Declaração Universal dos Direitos Humanos foi elaborada de forma minuciosa, com ampla participação dos países, para levar em consideração os diferentes pontos de vista sobre o tema.

c) Os regimes de direitos humanos reúnem tratados, convenções e órgãos que definem diretrizes sobre a temática, podendo também constituir um instrumento adicional ao qual os indivíduos podem recorrer e fazer denúncias em caso de ineficiência ou omissão de seus Estados nacionais.

d) O regime universal de direitos humanos é o mais completo e eficiente se comparado com os regimes regionais, conseguindo ser mais eficaz na garantia dos direitos e das liberdades dos indivíduos.

e) É difícil apontar as motivações que levaram à criação dos regimes de direitos humanos, mas sabe-se que é uma preocupação exclusivamente contemporânea.

2. Sobre os mecanismos de *accountability* para violações de direitos humanos, **não** é correto afirmar:

a) O Tribunal Penal Internacional é considerado um grande avanço em matéria de *accountability* para violações de direitos humanos, já que passou a considerar a responsabilização individual por crimes de direitos humanos.

b) O Tribunal Penal Internacional julga indivíduos por violações de direitos humanos, contudo não cabe entre suas atribuições julgar chefes de Estado que ainda estejam cumprindo suas funções de liderança, já que estes têm imunidade política.

c) As cortes europeia e africana de justiça preveem o direito de petição individual, ou seja, indivíduos podem levar denúncias a essas instâncias.

d) O regime interamericano de direitos humanos tem duas instâncias principais para recebimento de denúncias de violação de direitos humanos: a Comissão de Direitos Humanos e a Corte de Direitos Humanos, cada uma com atribuições diferentes.

e) O Estado brasileiro já foi julgado culpado em diferentes casos tanto na Comissão como na Corte Interamericana de Direitos Humanos. Esses eventos podem culminar em pressões internacionais para mudanças nas diretrizes domésticas.

3. Quanto às migrações contemporâneas, marque as assertivas a seguir como verdadeiras (V) ou falsas (F).

( ) A motivação para o deslocamento é o que distingue, segundo o direito internacional, migrantes e refugiados, mesmo que ambos os grupos possam estar em situação de vulnerabilidade.

( ) Países como Líbano e Turquia foram os que mais receberam refugiados nos últimos anos, informação muito pouco disseminada pela mídia internacional, que foca o deslocamento para a Europa.

( ) O Brasil teve recentemente um importante avanço legal na interpretação das migrações com a nova Lei de Migração, que substituiu o Estatuto do Estrangeiro, expandindo os direitos dos migrantes.

( ) A migração por questões de vulnerabilidade econômica é também considerada um tipo de refúgio, visto que está associada a uma grave violação de direitos humanos.

( ) A categoria de apátrida não é mais utilizada, tendo em vista que o direito internacional extinguiu o uso dessa definição, acoplando-a à categoria de refugiados.

Agora, assinale a alternativa que indica a sequência correta:

a) F, V, V, V, F.
b) F, F, V, V, F.
c) V, V, V, F, F.
d) V, V, V, V, F.
e) V, V, V, F, V.

4. O regime universal de direitos humanos foi considerado um marco no reconhecimento e na defesa da dignidade dos indivíduos. Discorra sobre as principais motivações que levaram à criação desse regime e a sua importância na prevenção de crimes cometidos por agentes do Estado.

5. Analise o fenômeno recente das migrações e o cenário brasileiro em relação à proteção de migrantes e refugiados.

Questões para reflexão

1. Reflita sobre as motivações para um país violador aderir ao regime de direitos humanos.

2. Qual é a maior contribuição dos tribunais de *accountability* individual para a garantia dos direitos humanos?

Para saber mais

HANNAH Arendt. Direção: Margarethe Von Trotta. Alemanha/Luxemburgo/França, 2013. 113 min.

Nesse filme, que registra a história relatada no livro *Eichmann em Jerusalém*, podemos ver os registros de Hannah Arendt sobre o julgamento de Adolf Eichmann quanto aos crimes cometidos durante o período nazista.

ONU – Organização das Nações Unidas. **Declaração Universal dos Direitos Humanos.** 10 dez. 1948. Disponível em: <https://www.ohchr.org/en/udhr/documents/udhr_translations/por.pdf>. Acesso em: 4 nov. 2020.

A Declaração Universal dos Direitos Humanos é considerada o documento mais traduzido do mundo, com versões em mais de 500 idiomas. A versão em português está disponível no *site* da ONU Brasil.

Capítulo 6

Regimes internacionais de meio ambiente

Conteúdos do capítulo:

- A consolidação do regime de mudanças climáticas.
- O conceito de *desenvolvimento sustentável*.
- Os Objetivos de Desenvolvimento do Milênio (ODMs) e os Objetivos de Desenvolvimento Sustentável (ODSs).

Após o estudo deste capítulo, você será capaz de:

1. indicar as etapas de desenvolvimento e de consolidação do regime de mudanças climáticas, bem como seus principais entraves;
2. compreender o significado do conceito de *desenvolvimento sustentável* e em que contexto se aplica;
3. compreender a agenda dos ODMs e dos ODSs e apontar as diferenças entre as duas categorias.

Assim como os direitos humanos, a questão ambiental também passou a exigir uma articulação da comunidade internacional, já que as mudanças ambientais geram impactos que transbordam as fronteiras dos Estados nacionais. Desse modo, passaram a ser estabelecidos os regimes ambientais para diversas temáticas que demandavam mais atenção da comunidade internacional. Segundo Chasek, Downie e Brown (2018), há cinco estágios – não necessariamente lineares, podendo sobrepor-se – para a estruturação de regimes ambientais:

1. definição da agenda (*agenda-setting*);
2. averiguação;
3. barganha para a criação de regime;
4. implementação do regime;
5. revisão e fortalecimento do regime.

O primeiro estágio, **definição da agenda**, diz respeito à identificação de uma questão ambiental de grande relevância, talvez por conta da magnitude da ameaça à qual esteja atrelada. Essa mobilização pode acontecer por meio da atuação de organizações internacionais (OIs), organizações não governamentais (ONGs) ou até Estados nacionais. Em seguida, no segundo estágio, **averiguação**, é necessário investigar com maior profundidade o tema, buscando-se informações na área das ciências, da política, da economia e nas demais áreas relacionadas, para construir algum consenso sobre a questão, podendo-se até mesmo produzir relatórios técnicos.

O terceiro estágio, **barganha para a criação do regime**, refere-se à barganha e à articulação entre os atores no tocante à estratégia a ser tomada para lidar com a questão. Esse período de negociação, que muitas vezes é acompanhado de demandas e limitações dos atores estatais, acaba por ser marcado por um *trade-off* a ser avaliado, que consiste em estabelecer um regime mais consistente com um número menor de atores ou um regime com muitas concessões, mas com participação de mais Estados-parte.

O quarto e quinto estágios, **implementação do regime e revisão e fortalecimento do regime**, respectivamente, costumam caminhar juntos. É preciso estabelecer uma convenção para reunir as regras e as diretrizes vinculativas relacionadas ao regime e para continuar a mobilização e o apoio a novas evidências científicas que ajudem a fortalecer o regime. A convenção pode ser alterada e/ou complementada por protocolos e emendas posteriores, bem como durante as Conferências das Partes (COPs), órgãos máximos de tomada de decisão, que ocorrem de forma periódica.

O entendimento do meio ambiente como um direito coletivo, que diz respeito a toda a humanidade e que deve ser foco de atuação internacional, começou a ser desenvolvido por causa das mobilizações sobre o clima na década de 1970. Em 1972, foi realizada a Conferência das Nações Unidas sobre o Meio Ambiente Humano, em Estocolmo, a qual inaugurou uma agenda que passou a discutir o elo entre a eliminação da pobreza e a criação de um ambiente humano saudável ou, ainda, como garantir o desenvolvimento econômico sem a exaustão de recursos naturais. Após essa conferência, foi criado o Programa das Nações Unidas para o Meio Ambiente (Pnuma), que acabou por incorporar parte dos debates entre os interesses dos países do Norte e os do Sul, buscando realizar a governança ambiental global.

(6.1)
REGIME DE MUDANÇAS CLIMÁTICAS

A questão das mudanças climáticas e suas consequências também passaram a ganhar mais proeminência no mundo. Apesar de já haver evidências, desde o fim do século XIX, dos efeitos negativos da concentração de dióxido de carbono (CO_2) na atmosfera, com o consequente aumento da temperatura global, a discussão mais ativa que permeia a criação do regime ambiental sobre mudanças climáticas ganhou notoriedade apenas nos anos 1980. Em 1988, foi criado o Painel Intergovernamental para Mudanças Climáticas (Intergovernmental Panel on Climate Change – IPCC) para ser uma fonte de informação para os governos com a compilação de estudos científicos relacionados a mudanças climáticas.

O IPCC em si não desenvolve pesquisas científicas, mas identifica no meio científico os consensos e as lacunas sobre o conhecimento acerca das mudanças climáticas. Em seu primeiro relatório de avaliação, divulgado em 1990, apontou os riscos do aquecimento global em uma conjuntura de manutenção do modelo econômico que estava sendo levado a cabo até então.

O tão comentado aquecimento global é fruto da concentração anormal dos denominados *gases de efeito estufa* (GEEs) – dióxido de carbono, metano, óxido nitroso, entre outros –, que absorvem a radiação solar natural recebida pela Terra, reemitindo-a em diversas direções, inclusive de volta ao planeta, provocando o aumento anormal da temperatura. Em 2015, esse aumento da temperatura já era de 1,02 °C em relação aos níveis pré-industriais (de 1850 a 1900). Quase 80% de todas as emissões de GEEs provêm da queima de combustíveis fósseis, e o restante é composto sobretudo pelo desmatamento e pelas emissões de metano.

O regime ambiental de mudanças climáticas foi oficialmente criado em 1992, com a Convenção-Quadro das Nações Unidas sobre Mudanças Climáticas (United Nations Framework Convention on Climate Change – UNFCCC), durante a Conferência das Nações Unidas sobre o Meio Ambiente e o Desenvolvimento, chamada *Cúpula da Terra* – ou *Rio 92* –, realizada na cidade do Rio de Janeiro. Essa convenção tinha como objetivo primordial estabilizar a concentração de gases de efeito estufa na atmosfera em um nível que impediria interferências antrópicas perigosas (aquelas induzidas pelo homem) no sistema climático, conforme indicado em seu segundo artigo.

Destacam-se alguns fatores complicadores para se chegar a um consenso a respeito das diretrizes que delineariam o regime. A emissão de GEEs ocorre por diversas fontes, o que torna seu controle mais complexo. Com relação a isso, também se ressalta o fato de que essas emissões estão muitas vezes diretamente ligadas a atividades econômicas centrais de diversos Estados. Isso leva a um terceiro ponto, que seriam as diferenças quanto aos níveis de desenvolvimento entre as nações e, consequentemente, ao seu papel na emissão de GEEs, o que muitas vezes é utilizado como fator que justificaria o princípio de responsabilidades comuns, mas diferenciadas (*Common but Differentiated Responsibilities* – CBDR). Por fim, há ainda algumas divergências sobre os reais impactos que as mudanças climáticas provocarão e o tempo que vai demorar para que isso ocorra (Chasek; Downie; Brown, 2018).

Tendo em vista esse complexo contexto, destaca-se a organização dos países em grupos de interesse para negociar o conteúdo da convenção que foi assinada. Notadamente, de um lado, encontra-se a comunidade europeia – com destaque para Dinamarca, Finlândia, Suécia e Noruega – em defesa de compromissos mais específicos para a estabilização das emissões de GEEs e, de outro, os Estados Unidos e países em desenvolvimento, em oposição, como um grupo de veto a medidas mais ambiciosas de controle de emissões. O anexo da referida convenção foi direcionado especificamente ao compromisso dos países industrializados para se mobilizarem em prol da redução, nos anos 2000, das emissões de GEEs a níveis anteriores. O documento, contudo, não especifica quais níveis anteriores seriam esses nem estipula uma meta de redução.

Cabe observarmos que, além da assinatura da Convenção sobre Mudanças Climáticas (UNFCCC), na Rio 92 também foram firmadas a Convenção sobre Biodiversidade, a Convenção de Combate à Desertificação, a Declaração de Princípios sobre Florestas e a Agenda 21. Esta última consiste em um plano de ação detalhado sobre desenvolvimento sustentável, que inclui questões como proteção da atmosfera, combate ao desmatamento e à poluição do ar, gestão de resíduos sólidos, combate à pobreza e aos padrões de consumo e produção insustentáveis, entre outros temas. No mesmo ano, a Assembleia Geral da ONU aprovou a criação da Comissão das Nações Unidas para o Desenvolvimento Sustentável, no âmbito do Conselho Econômico e Social (Ecosoc), com o intuito de monitorar o processo de implementação dos documentos pactuados na Cúpula da Terra.

Os próximos passos para a consolidação do regime de mudanças climáticas demandavam a elaboração de um protocolo que estabelecesse compromissos mais específicos e direcionados, negociação que teve início na primeira COP da Convenção, realizada em 1995. Apesar de divergências sobre os níveis de redução e os países que deveriam ser envolvidos, foi firmado, em 1997, o conhecido Protocolo de Kyoto. O documento, assinado na cidade de Kyoto, no Japão, definiu metas vinculantes para 39 países – os desenvolvidos, membros da Organização para a Cooperação e Desenvolvimento Econômico (OCDE), e outros 12 da Europa Central e Oriental, considerados em processo de transição para economias de mercado. As metas propunham a redução de 5,2% de emissão de seis GEEs para os níveis dos anos 1990 no período entre 2008 e 2012. A UNFCCC expressava o entendimento de que seriam os países desenvolvidos os responsáveis por liderar o processo de redução de emissão de gases, tendo em vista que são a fonte da maior parte das emissões no passado.

O Protocolo de Kyoto entrou em vigor apenas em 2005, com a ratificação da Rússia, já que exigia a anuência de pelo menos 55 países, com o equivalente a 55% das emissões de CO_2 dos países industrializados. Uma das grandes fragilidades do acordo está justamente no fato de os Estados Unidos não terem ratificado o documento. As principais críticas dos estadunidenses ao protocolo se baseavam na ausência de compromissos vinculantes a países emergentes, já considerados altamente poluidores, como China e Índia.

Como o protocolo estabelece uma meta coletiva de redução, ou seja, é o coletivo dos países industrializados que tem de alcançar níveis estipulados de redução, ele consegue prever um mecanismo de flexibilização do alcance das metas por meio de um "mercado de emissões". Esse mercado abrange a venda e a compra de "unidades" de emissão (cada uma equivalente a uma tonelada de CO_2). O carbono seria, então, tratado como uma *commodity* passível de ser comercializada. Os países industrializados que não conseguissem alcançar suas metas poderiam comprar no mercado de carbono unidades extras provenientes da redução levada a cabo por outros países (que teriam, desse modo, créditos para vender).

A obtenção da unidade de emissão pode também estar vinculada à remoção de carbono – por meio, por exemplo, de reflorestamento – ou, ainda, a projetos realizados em conjunto entre dois países industrializados, ou a projetos financiados por países industrializados em países em desenvolvimento, o que foi chamado de *mecanismo de desenvolvimento limpo*. O financiamento de um projeto de energia solar em alguma zona rural de um país em desenvolvimento poderia ser passível de créditos no mercado de carbono, por exemplo. Alguns criticam esse mecanismo de flexibilização por ser uma forma de desestimular o alcance de metas mais ambiciosas, já que as existentes não são suficientes, dada a gravidade do problema.

As negociações para um regime pós-Kyoto – após 2012 – tiveram início em 2005 e prolongaram-se até a COP-15, realizada em 2009, em Copenhage. Novas coalizões e grupos de interesse foram formados, com destaque para grupos que reivindicavam a representatividade de países menos desenvolvidos (*least developed countries*); grupos de países de pequenas ilhas; países exportadores de petróleo; países do Cáucaso; o chamado Grupo Guarda-Chuva (*Umbrella Group*), que abarca Austrália, Canadá, Japão, Nova Zelândia, Cazaquistão, Noruega, Rússia, Ucrânia e Estados Unidos; e o Basic, que contempla Brasil, África do Sul, Índia e China, entre outros (Chasek; Downie; Brown, 2018).

Essa pluralidade de interesses tornou o processo de negociações pós-Kyoto mais complexo, pois já estava marcado pela falta de consenso entre países industrializados e países em desenvolvimento. Os primeiros buscavam a aprovação de um novo acordo que abordasse conjuntamente a atualização tanto da UNFCCC como das metas do Protocolo de Kyoto; os segundos defendiam a manutenção de dois documentos separados, enfatizando a necessidade de compromissos diferenciados entre países industrializados e em desenvolvimento. Essa reivindicação já estava pautada no referido princípio de responsabilidades comuns, mas diferenciadas.

Durante a Conferência de Copenhage, em 2009, um documento foi elaborado e apresentado sem a participação integral dos Estados-parte da Convenção. Considerado ilegítimo, os países resolveram chegar a um meio-termo, aprovando uma declaração não vinculante. O documento definiu como meta internacional a limitação do aumento da temperatura em 2 °C, mas com o estabelecimento **voluntário** de metas de redução tanto dos países desenvolvidos como dos países em desenvolvimento, uma inovação quanto às propostas anteriores. Em termos de efetividade, a conferência foi amplamente criticada, mas teve seus méritos políticos ao dar continuidade ao complexo processo de implementação do regime ambiental de mudanças climáticas. Chasek, Downie e Brown (2018, p. 176, tradução nossa) são mais enfáticos ao afirmarem que essa conferência "representou um compromisso criativo que evitou o colapso do regime climático".

Após a Conferência de Copenhage, em 2011, foi criado o Ad Hoc Working Group on the Durban Platform for Enhanced Action (ADP), um organismo subsidiário, focado em pensar as diretrizes para um novo acordo – único – que seria estabelecido em 2015, para começar a vigorar após 2020, e em elaborar uma emenda que contemplasse a lacuna entre 2013 e 2020, após a vigência do Protocolo de Kyoto, com ambições pré-2020. Em 2013, foi realizada a COP-19, em Varsóvia (Polônia), na qual foi definida a Pretendida Contribuição Nacionalmente Determinada (*Intended Nationally Determined Contributions* – iNDC), em que cada país indicou as ações de redução de GEEs que se comprometeriam a tomar no pós-2020.

iNDC do Brasil

A seguir, vejamos informações baseadas no documento apresentado pelo Itamaraty ao Secretariado da Convenção-Quadro das Nações Unidas sobre Mudanças Climáticas (Brasil, 2015).

Metas de mitigação:

- Reduzir as emissões de GEEs em 37% abaixo dos níveis de 2005, em 2025.
- Reduzir as emissões de GEEs em 43% abaixo dos níveis de 2005, em 2030.

Compromisso de adaptação:

- Criar o Plano Nacional de Adaptação (PNA) para reforçar a capacidade de adaptação, de avaliação de riscos climáticos e de gestão de vulnerabilidades nos níveis nacional, estadual e municipal.

Implementação:

- Incentivar parcerias internacionais e cooperação Sul-Sul.

Em 2015, foi pactuado o Acordo de Paris. Muita expectativa havia sido criada, pois um ano antes houve o anúncio conjunto entre o então presidente estadunidense Barack Obama e o presidente chinês Xi Jinping sobre a responsabilização de ambos os países na mitigação das mudanças climáticas. O Acordo de Paris foi aprovado por 195 Estados-parte da UNFCCC, que se comprometeram a limitar o aumento da temperatura "bem abaixo" de 2 °C acima dos níveis pré-industriais e a continuar se esforçando para limitar o aumento a 1,5 °C acima dos níveis pré-industriais, um compromisso vinculativo a todos os Estados. Além disso, as contribuições pretendidas (iNDC) a partir do acordo tornaram-se, de fato, compromissos a serem alcançados (Nationally Determined Contributions – NDC), embora voluntários, ou seja, não vinculantes. Isso demonstra o caráter híbrido do documento, com partes obrigatórias e outras voluntárias (não vinculantes). Reforça-se também a observância do princípio de responsabilidades comuns, mas diferenciadas, indicadas no Capítulo 2 do referido acordo.

O mesmo documento também propõe ciclos de cinco anos para revisão das metas, bem como um mecanismo de mitigação e desenvolvimento sustentável. Os países em desenvolvimento voltaram a se comprometer a apoiar financeiramente os países menos desenvolvidos nesse processo.

Diferentemente do Protocolo de Kyoto, que demorou oito anos para entrar em vigor, o Acordo de Paris conseguiu as 55 ratificações que concentravam 55% das emissões mundiais de GEEs um ano depois de sua assinatura, incluindo os principais emissores do mundo, Estados Unidos e China. Contudo, o governo do atual presidente estadunidense Donald Trump (2020) solicitou sua retirada formal do acordo, o que deve ocorrer no final de 2020, sujeitando o país às críticas apontadas na assinatura do Protocolo de Kyoto.

(6.2) Desenvolvimento sustentável

Os regimes ambientais se desenvolveram e foram reforçados pela governança internacional do desenvolvimento sustentável, conceito que passou a ser amplamente empregado a partir dos anos 1980.

Segundo Barros-Platiau, Varella e Schleicher (2004), há uma divergência entre duas esferas: o mundo, que abarca as diversas interações políticas, econômicas e sociais entre os indivíduos, e a Terra, que engloba a capacidade de apreensão de coisas físicas ou naturais. A crise ambiental enfrentada na atualidade seria a incongruência entre ambas as esferas, e sua solução seria justamente a convergência de ambas.

Ainda nos anos 1970, o Relatório Founex, elaborado na Suíça, foi uma das primeiras referências a associar desenvolvimento com meio ambiente:

> 5. *É evidente que, em grande medida, os tipos de problemas ambientais mais importantes nos países em desenvolvimento são aqueles que podem ser superados pelo próprio processo de desenvolvimento. Nos países industrializados, é adequado ver o desenvolvimento como causa dos problemas ambientais. O desenvolvimento mal planejado e não regulamentado pode ter um resultado semelhante também nos países em desenvolvimento. Mas, na maior parte, os países em desenvolvimento devem ver a relação entre desenvolvimento e meio ambiente de uma perspectiva diferente. Em seu contexto, o desenvolvimento torna-se essencialmente uma cura para seus principais problemas ambientais.* (ONU, 1971, anexo I, p. 3, tradução nossa)

O conteúdo desse relatório foi levado em consideração durante as negociações da Conferência de Estocolmo, em 1972. O período ainda foi marcado por divergências de prioridades entre países desenvolvidos e países em desenvolvimento quanto às questões ambientais: os primeiros enfatizavam a preocupação com questões ligadas à poluição industrial, ao uso de fertilizantes e pesticidas e ao esgotamento de recursos naturais e fontes de energia; os segundos se concentravam em questões que envolviam o acesso à água potável, epidemias, prevenção a desastres naturais e habitação inadequada. O desenvolvimento conectado ao meio ambiente acabou sendo alvo de críticas em virtude do uso do argumento da preservação ambiental como justificativa do norte global para o não desenvolvimento de países do sul global.

Em 1980, o relatório *Estratégia mundial de conservação: conservação de recursos vivos para o desenvolvimento sustentável*, elaborado por governos, ONGs e especialistas com apoio do Pnuma, da Organização das Nações Unidas para a Educação, a Ciência e a Cultura (Unesco) e da Organização das Nações Unidas para a Alimentação e a Agricultura (FAO), entre outras organizações, ressaltou a importância da preservação da diversidade e de processos ecológicos. Em 1983, a Assembleia Geral das Nações Unidas estabeleceu uma comissão independente para definir uma agenda de longo prazo a respeito da questão ambiental interligada com o desenvolvimento. A Comissão Mundial sobre Meio Ambiente e Desenvolvimento (ou Comissão Brundtland, em referência à sua coordenadora, Gro Harlem Brundtland, ex-primeira ministra da Noruega) era composta por 21 membros de países desenvolvidos e em desenvolvimento e produziu um relatório, lançado em 1987, intitulado *Nosso futuro comum*.

A Comissão definiu que desenvolvimento sustentável é o "desenvolvimento que atende às necessidades do presente sem comprometer a possibilidade de as gerações futuras atenderem a suas próprias necessidades" (Comissão Mundial sobre Meio Ambiente e Desenvolvimento, 1991, p. 46). Assim, levam-se em conta igualmente as dimensões sociais, econômicas e ambientais do desenvolvimento:

> *Em essência, o desenvolvimento sustentável é um processo de transformação no qual a exploração dos recursos, a direção dos investimentos, a orientação do desenvolvimento tecnológico e a mudança institucional se harmonizam e reforçam o potencial presente e futuro, a fim de atender às necessidades e aspirações humanas.* (Comissão Mundial sobre Meio Ambiente e Desenvolvimento, 1991, p. 49)

O relatório aponta a premência de se atender às necessidades básicas das populações mais vulneráveis, algo que estaria diretamente ligado não apenas ao estímulo ao crescimento econômico, mas também a uma melhor distribuição dos recursos e das oportunidades gerados com esse crescimento. Ainda, chama-se a atenção para os padrões de consumo, que devem levar em consideração o limite das possibilidades ecológicas. Para garantir um consumo sustentável, são necessárias políticas de educação, o desenvolvimento de instituições e o fortalecimento legal da questão.

Cabe também enfatizarmos que a importância do desenvolvimento sustentável se materializa pelo fato de que a desigualdade de acesso a recursos econômicos e naturais acaba gerando mais exploração (insustentável) do meio ambiente. Nesse processo, os problemas ambientais ocasionados vão ter um impacto maior nas populações social e economicamente mais vulneráveis, que têm menos recursos. Assim, as questões ambiental, econômica e social estão intrinsecamente conectadas e devem ser abordadas de forma transversal e conjunta.

O relatório sugere a realização de uma conferência de monitoramento do progresso na temática, que foi realizada em 1992, na cidade do Rio de Janeiro – a referida Cúpula da Terra (Rio 92). Conforme já mencionado neste capítulo, além da aprovação da UNFCCC, nessa conferência foi pactuada a Declaração do Rio sobre Meio Ambiente e Desenvolvimento, que indica a necessidade de esforços para se alcançar o desenvolvimento sustentável, baseado na redução de padrões insustentáveis de consumo e produção e na promoção de políticas demográficas adequadas. Essas questões foram endossadas na Agenda 21, também firmada na ocasião, que consiste praticamente em uma carta de intenções com diretrizes para o desenvolvimento do século XXI, considerada uma precursora dos Objetivos de Desenvolvimento do Milênio (ODMs).

(6.3)
Objetivos de Desenvolvimento do Milênio (ODMs)

Os Objetivos de Desenvolvimento do Milênio (ODMs) foram firmados por meio da Declaração do Milênio, assinada em setembro de 2000. Os oito objetivos se desdobravam em 18 metas e 48 indicadores criados com base em consulta com especialistas, agências do sistema ONU e outras organizações internacionais. O foco central era a redução da pobreza, conforme os termos da referida declaração (citada por ONU, 2015, p. 3, tradução nossa): "Não pouparemos esforços para libertar nossos semelhantes, homens, mulheres e crianças, das condições abjetas e desumanas de extrema pobreza". Assim, os compromissos eram majoritariamente voltados aos países em desenvolvimento, apesar de preverem o engajamento dos países desenvolvidos em seu financiamento. Os objetivos deveriam ser alcançados até o ano de 2015.

Quadro 6.1 — Objetivos de Desenvolvimento do Milênio (ODMs)

Objetivo	Meta	Resultado
Acabar com a fome e a miséria.	Reduzir pela metade o número de pessoas que vivem com menos de 1 dólar/dia.	Pobreza extrema reduzida (de 1,9 bilhão de pessoas para 836 milhões).
Proporcionar educação básica de qualidade para todos.	Garantir que todos completem a escola primária.	Crescimento da taxa de matriculados em regiões em desenvolvimento (de 83% para 91%).

(continua)

(Quadro 6.1 – continuação)

Objetivo	Meta	Resultado
Promover a igualdade entre sexos e a valorização da mulher.	Eliminar a disparidade de gênero na educação primária e secundária.	Crescimento do número de meninas matriculadas na escola. No Sudeste Asiático, 103 meninas estão matriculadas para cada 100 meninos (antes a proporção era de 74 para 100).
Reduzir a mortalidade infantil.	Reduzir em dois terços a mortalidade de crianças com menos de 5 anos de idade.	Queda da mortalidade em mais da metade no mundo (de 12,7 milhões de pessoas para 6 milhões).
Melhorar a saúde de gestantes.	Reduzir três quartos da mortalidade materna.	Redução de 45% da taxa de mortalidade materna no mundo.
Combater aids, malária e outras doenças.	Interromper e reverter a disseminação de HIV/aids e malária.	Queda de 40% de novos infectados pelo HIV (de 3,5 milhões de casos para 2,1 milhões). Mais de 6,2 milhões de mortes por malária foram evitados.
Aumentar a qualidade de vida e o respeito ao meio ambiente.	Reduzir pela metade a proporção de pessoas sem acesso à água potável. Melhorar a qualidade de vida de 100 milhões de moradores de favelas. Integrar princípios do desenvolvimento sustentável nas políticas nacionais.	Acesso de 2,6 bilhões de pessoas à água potável e de 2,1 bilhões a um saneamento melhor. 147 países atingiram a meta de água potável. Queda de 10% do número de pessoas que vivem em favelas.

Janina Onuki | Kelly Komatsu Agopyan

(Quadro 6.1 – conclusão)

Objetivo	Meta	Resultado
Fazer com que todo o mundo trabalhe pelo desenvolvimento.	Desenvolver um sistema financeiro e de comércio aberto, não discriminatório. Abordar necessidades especiais dos países menos desenvolvidos. Cooperar com o setor privado para a tecnologia.	Aumento da ajuda oficial ao desenvolvimento por parte de países desenvolvidos em 66%, alcançando 135,2 bilhões de dólares.

Fonte: Elaborado com base em ONU, 2015.

Apesar de consideráveis avanços, os ODMs também foram alvo de críticas pelo limitado escopo de seus objetivos. Além da própria dificuldade na transversalidade dos objetivos (pensados em "caixas" isoladas), alguns críticos afirmam que os tópicos não levaram em consideração as causas que geram a pobreza extrema e não contemplaram fatores relativos ao desenvolvimento econômico. A questão ambiental também parece ter sido negligenciada.

O próprio relatório da ONU sobre os resultados dos ODMs aponta alguns desafios urgentes que ainda persistem a despeito dos esforços realizados: a desigualdade de gênero; as grandes lacunas entre os mais pobres e os mais ricos e entre as áreas rurais e urbanas; as mudanças climáticas e a degradação ambiental; a persistência da pobreza e da fome; os conflitos como grande ameaça ao desenvolvimento, com a geração de milhões de refugiados.

(6.4) Objetivos de Desenvolvimento Sustentável (ODSs)

Com o fim do período de vigência dos ODMs, o sistema ONU começou a se articular para elaborar uma nova agenda de objetivos atualizados: os Objetivos de Desenvolvimento Sustentável (ODSs). Esse processo teve início na Conferência Rio+20, em 2012, e prolongou-se até 2015. Foram três anos de consultas técnicas e temáticas com especialistas e com a sociedade civil, mais reuniões de negociações com representantes dos Estados nacionais.

Dois grupos foram criados: o Grupo de Trabalho Aberto para a Elaboração dos ODSs (GTA-ODS) e o Painel de Alto Nível de Pessoas Eminentes para a Agenda de Desenvolvimento Pós-2015. O GTA-ODS é composto por 30 membros, com a participação de 70 Estados-membros em representações compartilhadas; produziu documentos de posicionamento com base em consultas com grupos e *clusters* temáticos e no Fórum Político de Alto Nível sobre Desenvolvimento Sustentável (High-Level Political Forum – HLPF). Já o Painel de Alto Nível de Pessoas Eminentes para a Agenda de Desenvolvimento Pós-2015 foi criado pelo secretário-geral e tem 27 membros especialistas – inclusive a ex-ministra brasileira de Meio Ambiente Izabella Teixeira – para apoiar na elaboração dos ODSs segundo relatórios baseados em inúmeras consultas temáticas e em países de todas as regiões do mundo.

Esse processo, que foi mais participativo que o dos ODMs, culminou na Cúpula das Nações Unidas sobre o Desenvolvimento Sustentável, uma reunião de alto nível da Assembleia Geral da ONU realizada em setembro de 2015. A reunião resultou no documento *Transformando nosso mundo: a Agenda 2030 para o desenvolvimento sustentável*. A Agenda 2030 é composta por uma declaração de princípios, os ODSs e um roteiro de implementação e acompanhamento. Conforme o próprio nome indica, a agenda dá diretrizes para o desenvolvimento sustentável que devem ser alcançadas até 2030.

Os 17 ODSs estabelecidos, que estão no centro da Agenda 2030, desdobram-se em 169 metas – um aumento significativo em relação aos ODMs – e baseiam-se nas três dimensões que materializam o desenvolvimento sustentável:

1. crescimento econômico inclusivo;
2. proteção ao meio ambiente;
3. promoção da inclusão social.

Diferentemente dos ODMs, os ODSs, listados a seguir, dirigem-se à universalidade dos Estados nacionais.

Objetivos de Desenvolvimento Sustentável (ODSs) no Brasil	
Objetivo 1	Erradicação da pobreza
Objetivo 2	Fome zero e agricultura sustentável
Objetivo 3	Saúde e bem-estar
Objetivo 4	Educação de qualidade
Objetivo 5	Igualdade de gênero
Objetivo 6	Água potável e saneamento
Objetivo 7	Energia limpa e acessível
Objetivo 8	Trabalho decente e crescimento econômico
Objetivo 9	Indústria, inovação e infraestrutura
Objetivo 10	Redução das desigualdades
Objetivo 11	Cidades e comunidades sustentáveis
Objetivo 12	Consumo e produção responsáveis
Objetivo 13	Ação contra a mudança global do clima
Objetivo 14	Vida na água
Objetivo 15	Vida terrestre
Objetivo 16	Paz, justiça e instituições eficazes
Objetivo 17	Parcerias e meios de implementação

Fonte: Elaborado com base em ONU, 2020b.

Segundo Bernstein (2017), a governança dos ODSs é realizada por meio de uma orquestração levada a cabo pelo HLPF, responsável por monitorar a implementação dos objetivos e proporcionar parcerias para tal implementação, fortalecendo a participação de multiatores. O HLPF teria autoridade política formal mesmo sem deter o poder de tomada de decisão com *enforcement*: "O Fórum Político de Alto Nível provavelmente marca a primeira vez que o sistema da ONU construiu de forma tão explícita uma orquestração no próprio *design* de um órgão político de alto nível, sem ilusão de autoridade hierárquica direta" (Abbott; Bernstein, 2015, citados por Bernstein, 2017, p. 222, tradução nossa). O Fórum se reúne anualmente sob os auspícios do Ecosoc e a cada quatro anos convocado pela Assembleia Geral. Também é responsável por receber as revisões voluntárias nacionais, elaboradas pelos Estados nacionais, com boas práticas e desafios de implementação dos ODSs.

Contudo, os especialistas destacam os desafios de implementação desses novos objetivos. Assim como os ODMs, os ODSs foram desenhados de forma segmentada, apesar de sua abordagem ter sido focada em uma maior transversalidade. Pensar em como o alcance de um objetivo pode ter impactos diretos em outros objetivos ainda é um desafio. Outra questão que já havia aparecido nos ODMs e que se repete nessa nova fase é a necessidade de uma maior articulação com a questão ambiental, fortalecendo-se, por exemplo, o papel do Pnuma (Bernstein, 2017); desde a Rio+20, cogita-se transformar o programa em uma agência especializada.

Por fim, retomando-se o debate da legitimidade da ONU e todas as discussões sobre sua necessidade de reforma, questiona-se se a organização ainda consegue, de fato, mobilizar uma agenda mundial e se os resultados obtidos após esses 15 anos poderão ser atribuídos à Agenda 2030. Chasek, Downie e Brown (2018, p. 351) destacam que, além de ser necessária a aceitação da agenda pelos tomadores de decisão dos Estados nacionais, é preciso que a população esteja disposta a mudar seus padrões de desenvolvimento:

> *Se o público e os formuladores de políticas aceitarem e trabalharem em prol dessa nova agenda de desenvolvimento sustentável, é possível que as mudanças econômicas, sociais e culturais sejam feitas para apoiar o desenvolvimento sustentável nos níveis comunitário, nacional e global. Se essa premissa estiver correta, as perguntas-chave devem ser: "Os governos têm vontade política para fazer essa mudança?" e "As pessoas do mundo têm vontade de aceitar, ou mesmo exigir, a mudança necessária?".*

Assim, garantir o pleno cumprimento da agenda 2030 é, realmente, muito complexo. Apesar de a definição de uma agenda global que reúna esforços vislumbrando um desenvolvimento capaz de considerar seus aspectos ambientais, sociais e econômicos ser considerado um importante avanço, o sucesso dos ODS envolve a alteração de questões estruturais que estão introjetadas na vida em sociedade. Toda mudança sempre vem acompanhada de resistência pautada pela lógica competitiva de ganhos e perdas. Para que essa agenda tenha êxito, todos os objetivos definidos devem ser encarados de maneira interligada e transversal, e os esforços devem ser conjuntos, mudando o paradigma hegemônico da competição para o paradigma do ganho coletivo. Esse é o grande desafio de desenvolvimento do século XXI.

Síntese

Este sexto e último capítulo enfocou a criação de regimes internacionais de meio ambiente. A questão ambiental se tornou tema de relevância para toda a comunidade internacional, já que seus impactos não estão restritos a um território só.

Assim, abordamos o regime de mudanças climáticas, em voga na atualidade em virtude dos reflexos que o aquecimento global já tem provocado, mas, ao mesmo tempo, um regime cujas diretrizes são alvo de pouco consenso entre os países. Como referência para a criação desse regime, destacamos a aprovação da Convenção-Quadro das Nações Unidas sobre Mudanças Climáticas, em 1992, durante a Cúpula da Terra, realizada na cidade do Rio de Janeiro. Além disso, relembramos a assinatura do Protocolo de Kyoto, em 1997, e todo o processo de tentativa de definição de metas para o período posterior à vigência do protocolo, durante a Conferência de Copenhage, em 2009, e de Paris, em 2015.

Concomitantemente a essas ações, vimos que se começou a desenvolver a governança internacional do desenvolvimento sustentável, conceito difundido sobretudo após a divulgação do relatório da Comissão Brundtland. O conceito evidencia a importância de se pensar o crescimento econômico atrelado ao desenvolvimento social e à preservação ambiental.

Por fim, mostramos como a questão do desenvolvimento sustentável se tornou central na agenda de atuação e *advocacy* da Organização das Nações Unidas (ONU), com objetivos estabelecidos na virada do século que deveriam ter sido cumpridos até 2015, com foco no combate à pobreza. O desenvolvimento sustentável voltou a aparecer como central nessa agenda quando foi renovada em 2015, com novas metas, que agora devem ser cumpridas até 2030. Apesar das críticas, sobretudo no que diz respeito à ausência de transversalidade e à falta de eficácia no monitoramento, a agenda de objetivos da ONU passou a envolver atores para além dos Estados-membros, a sociedade civil e os governos locais, tornando-se um selo de atuação de todas as suas agências e órgãos especializados.

Questões para revisão

1. Sobre o regime de mudanças climáticas, é possível afirmar que:
   a) é um problema recente, já que passou a ter reflexos visíveis apenas a partir dos anos 1990, quando foi criada a Convenção-Quadro das Nações Unidas sobre Mudanças Climáticas.
   b) o Protocolo de Kyoto é parte do regime de mudanças climáticas, estipulando metas específicas de emissão de gases de efeito estufa para os países industrializados.
   c) tendo em vista a gravidade dos impactos que as mudanças climáticas já têm causado, as negociações sobre o regime têm alcançado um consenso na última década, mesmo entre os diferentes grupos de interesse que integram a Convenção sobre Mudanças Climáticas.
   d) apesar de grandes evidências científicas, ainda não se pode dizer que as mudanças climáticas são resultado da ação antrópica, sobretudo no que diz respeito à emissão de gases de efeito estufa.
   e) segundo o Acordo de Paris, assinado em 2015, a Pretendida Contribuição Nacionalmente Determinada, indicada voluntariamente pelos países, é utilizada como base para que novas metas sejam estabelecidas de forma inteiramente vinculantes, não sendo mais uma contribuição voluntária.

2. A respeito do conceito de *desenvolvimento sustentável*, é **incorreto** afirmar que:
   a) foi um conceito cunhado pela necessidade de considerar as diferentes dimensões do desenvolvimento, levando em conta a questão social e ambiental.

b) a questão ambiental tem impactos diferentes em grupos sociais distintos: aqueles mais vulneráveis tendem a estar menos preparados para lidar com impactos ambientais, sofrendo mais as consequências.
c) o desenvolvimento sustentável é criticado por uns por ser usado como argumento para desacelerar o crescimento econômico de países em desenvolvimento.
d) apesar de ser amplo, o conceito depende integralmente do crescimento econômico para se materializar, já que uma economia desenvolvida é a chave para a resolução da maioria dos impasses ambientais.
e) encontra justificativa na necessidade de garantir recursos também para as gerações futuras.

3. Sobre os Objetivos de Desenvolvimento do Milênio (ODMs) e os Objetivos de Desenvolvimento Sustentável (ODSs), marque as afirmativas a seguir como verdadeiras (V) ou falsas (F).

( ) Os ODMs tinham como foco o combate à pobreza, voltando-se principalmente aos países menos desenvolvidos.

( ) Uma das críticas realizadas aos ODMs era a falta de transversalidade nas metas.

( ) Apesar das críticas que os ODMs receberam, grande parte foi integralmente alcançada, com destaque ao objetivo que se referia à igualdade de gênero.

( ) Os ODSs mais do que dobram o número de objetivos em relação aos ODMs, incorporando novos temas, como a questão urbana.

( ) O processo de construção dos ODSs ficou concentrado nos quadros de alto nível da ONU, sendo criticado pela baixa participação da sociedade civil e de outros atores.

Agora, assinale a alternativa que indica a sequência correta:

a) V, F, F, V, F.
b) V, V, F, V, F.
c) V, V, V, V, F.
d) V, V, F, V, V.
e) F, V, V, V, F.

4. Discuta a relevância da criação do regime ambiental de mudanças climáticas no início da década de 1990.

5. Quais foram as críticas sofridas pelos Objetivos de Desenvolvimento do Milênio (ODMs)?

Questões para reflexão

1. Explique por que há tanta dificuldade em se chegar a um consenso a respeito das diretrizes estruturantes do regime de mudanças climáticas.

2. Qual é a importância de haver uma agenda como a dos Objetivos de Desenvolvimento Sustentável (ODSs)?

Para saber mais

BRASIL. Secretaria de Governo. **Indicadores Brasileiros para os Objetivos de Desenvolvimento Sustentável**. Disponível em: <https://odsbrasil.gov.br/>. Acesso em: 4 nov. 2020. O governo brasileiro, em parceria com o Instituto Brasileiro de Geografia e Estatística (IBGE), desenvolveu uma plataforma digital para acompanhar o cumprimento das metas dos Objetivos de Desenvolvimento Sustentável (ODSs) pelo Brasil.

IPEA – Instituto de Pesquisa Econômica Aplicada; PNUD – Programa das Nações Unidas para o Desenvolvimento. **Agenda 2030**. Disponível em: <http://www.agenda2030.org.br/>. Acesso em: 4 nov. 2020. Essa plataforma digital traz mais informações sobre os ODSs.

NASA – National Aeronautics and Space Administration. **Global Climate Change**. Disponível em: <https://climate.nasa.gov/>. Acesso em: 4 nov. 2020. Nesse *site*, a Nasa, que é a agência espacial norte-americana, apresenta informações atualizadas, dados e imagens de satélite referentes à mudança climática e ao aquecimento global no planeta.

Considerações finais

Globalização tornou-se um termo bastante comum na década de 1990, geralmente associado às grandes mudanças ocorridas no sistema econômico internacional, resultantes do aprofundamento das relações de interdependência entre diversos atores internacionais (estatais e não estatais). Embora o impacto econômico tivesse sido mais evidente (porque é possível de se quantificar), os efeitos da globalização se manifestaram como um conjunto de mudanças em diversas áreas, tanto no âmbito econômico quanto nos campos político, social e cultural, cada qual avançando em uma determinada velocidade.

Do ponto de vista das relações internacionais, essas transformações, que evoluem em um processo caracterizado pelo aprofundamento do que Robert Keohane e Joseph Nye Jr. (2012) chamam de *interdependência complexa*, ganharam uma nova dimensão com a despolarização do sistema internacional no período pós-Guerra Fria e com o ingresso de novos atores internacionais.

A mudança do modelo de sistema internacional obrigou que se procedesse não apenas à reformulação de postura dos países em relação ao mundo, mas também à reformulação dos conceitos que antes os definiam. Esse contexto abriu novas perspectivas para repensar o papel das organizações internacionais, seus objetivos, sua capacidade de responder aos novos desafios com a inclusão de novos atores internacionais não governamentais e sua capacidade de permanência como influenciadoras de relações mais cooperativas.

Neste livro, buscamos apresentar a evolução das principais instituições internacionais desde sua criação até seu posicionamento atual, considerando as mais diversas ênfases para o fenômeno da globalização, algumas mais pessimistas, outras mais otimistas quanto às suas consequências. Ainda hoje, o impacto desse fenômeno sobre os denominados *países emergentes*, ou *países em desenvolvimento*, é tema de estudo importante no campo das relações internacionais. E, como observamos, a relação entre países desenvolvidos e países em desenvolvimento permanece sendo um ponto central na definição do processo de negociação nos organismos multilaterais.

Por meio do debate teórico clássico predominante ao longo dos anos 1980, entre neorrealistas e neoinstitucionalistas, sobre a relevância das instituições internacionais, as percepções foram se transformando à medida que o mundo e a relação entre os atores também mudaram. Autores filiados à perspectiva clássica continuam ressaltando o papel central que o Estado ocupa nas relações internacionais e sua capacidade para definir as regras multilaterais.

Embora os Estados continuem, de fato, como atores centrais nos diversos organismos internacionais, dada sua prerrogativa decisória, não há como negar que foi se formando uma rede complexa de interesses, o que levou ao declínio relativo do poder militar como determinante das relações internacionais e propiciou a inclusão de ênfases diversas e mais subjetivas no processo de negociação.

Em sua origem, os regimes internacionais eram definidos como um conjunto de princípios, normas, regras e procedimentos de tomada de decisão implícitos ou explícitos em torno dos quais se observa uma convergência de expectativa dos atores sobre uma questão ou área das relações internacionais. Esses procedimentos de tomada de decisão constituiriam a prática para a implementação de escolhas coletivas no sistema internacional.

Como resultado, a cooperação deveria caracterizar as relações internacionais na busca de soluções mais satisfatórias para os problemas internacionais, o que não acontece em negociações bilaterais ou ações unilaterais. O próprio direito internacional se modificou a partir disso. A ação dos Estados, dada a situação de interdependência entre as nações, resultante dessa teia complexa de interesses de agentes internacionais não estatais, transformou-se em interdependência complexa e passou a dar espaço a diversas interpretações.

Ao final dos anos 1990, novas vertentes teóricas desafiaram as abordagens neoclássicas, as quais defendiam que os Estados continuavam atrás de poder e de seus próprios interesses, acreditando-se, por isso, que a busca por benefícios individuais nortearia as relações entre os atores. A perspectiva sociológica, conhecida como *teoria construtivista*, começou a dar uma nova visão do papel das instituições internacionais.

Isso ocorreu porque houve uma grande mudança no contexto dos regimes internacionais e, consequentemente, na caracterização de sua influência na ordem internacional contemporânea, que agora comporta variáveis antes consideradas pouco relevantes para seu entendimento. Essa ordem internacional só pode ser caracterizada pela própria percepção dos atores, e não mais por variáveis predeterminadas conceitualmente.

Cultura, ideias e socialização dos atores passam a ser enfatizadas como variáveis necessárias para o entendimento e para a reestruturação das organizações. Várias destas passaram por reformas, e outros regimes internacionais foram criados para dar conta dos problemas que surgiram e começaram a atingir diferentes atores, como as questões dos direitos humanos e do meio ambiente. A agenda de política externa dos Estados se modifica e passa a priorizar a participação em regimes e organizações internacionais, com a expectativa de ampliar a cooperação ou, ao menos, de se coordenar com outros atores, de maneira a obter benefícios e reduzir os custos de ação. Com a ampliação temática e do número de atores no espaço internacional, a complexidade das relações aumenta, assim como a demanda por maior participação de países em desenvolvimento e pela democratização das regras internacionais.

Os novos regimes internacionais dão espaço para a liderança de países emergentes, como Brasil, Índia e África do Sul, que atuam individualmente levando pautas relevantes para os países em desenvolvimento e formam coalizões, aumentando a capacidade de atuação de cada um deles. São nações que se identificam pela defesa de interesses extraeconômicos, resultantes também da assimetria entre eles.

Nos capítulos deste livro, procuramos não apenas apresentar o debate que deu origem à discussão sobre o papel das instituições internacionais, mas também examinar as mudanças ocorridas na Organização das Nações Unidas (ONU), principal instituição internacional, que corresponde ao "guarda-chuva" da comunidade mundial, responsável pelas principais mudanças e moduladora das negociações entre os Estados e outros atores sociais. A ONU sobreviveu às mudanças ocorridas ao longo das décadas e vem passando por um processo de reforma desde o fim da Guerra Fria, ainda com um papel relevante no cenário internacional.

Dois outros regimes foram abordados nesta obra: de segurança internacional e de comércio. Ambos polarizam o debate clássico e nos permitem refletir sobre a capacidade das instituições de garantir a regulação do poder e do uso de armas em relações de diferentes naturezas. O regime internacional de comércio, sintetizado na evolução da Organização Mundial do Comércio (OMC), evidencia o modelo de organização do pós-Guerra Fria, defendido pelos autores neoinstitucionalistas, ao apostar no aumento da cooperação com a definição de normas e regras internacionais comuns.

Para cobrirmos novas perspectivas teóricas e novos temas das relações internacionais, também apresentamos os regimes internacionais de direitos humanos e de meio ambiente. Esses temas são considerados novos, sobretudo pela forma como são entendidos, pelo envolvimento de atores sociais e pelo modo como as decisões são tomadas. Nesse sentido, ambas as temáticas colocam em questão a própria ideia de soberania estatal e *accountability*, conferindo destaque também ao papel de *advocacy* de organizações da sociedade civil, que pressiona pelo cumprimento de acordos internacionais.

Por fim, podemos afirmar que todas as mudanças das últimas décadas trazem uma nova maneira de refletir sobre as relações internacionais, os regimes e as instituições e nos possibilitam repensar a evolução democrática. Observamos que não é mais possível pensar todos esses conceitos senão de forma dinâmica. As reformas das organizações e o perfil dos novos regimes só podem ser analisados pelo seu caráter transformador.

Esperamos que esta obra tenha apresentado informações que permitam ao leitor conhecer o debate teórico sobre as organizações internacionais, bem como a origem histórica dos principais regimes, e refletir sobre as mudanças necessárias, as quais continuam sendo discutidas e analisadas à medida que os atores interagem e se adaptam aos diferentes interesses e valores, buscando mais consenso e harmonia nas relações.

Referências

ACNUR – Agência da ONU para Refugiados. **Dados sobre refúgio**. Disponível em: <https://www.acnur.org/portugues/dados-sobre-refugio/>. Acesso em: 19 nov. 2020.

AL HUSSEIN, Z. R. **Opening Speech to the High Level Segment of the Human Rights Council**. 28th Session of the Human Rights Council, 2 Mar. 2015. Disponível em: <https://www.ohchr.org/EN/HRBodies/HRC/Pages/NewsDetail.aspx?NewsID=15628&LangID=E>. Acesso em: 4 nov. 2020.

ALT, J. E.; GILLIGAN, M. The Political Economy of Trading States: Factor Specificity, Collective Action Problems and Domestic Political Institutions. **Journal of Political Philosophy**, v. 2, n. 2, p. 165-192, June 1994.

BARROS-PLATIAU, A. F.; VARELLA, M. D.; SCHLEICHER, R. T. Meio ambiente e relações internacionais: perspectivas teóricas, respostas institucionais e novas dimensões de debate. **Revista Brasileira de Política Internacional**, v. 47, n. 2, p. 100-130, 2004.

BELLAMY, A. J. The Responsability to Protect. In: WILLIAMS, P. D. (Ed.). **Security Studies**: An Introduction. London/New York: Routledge, 2008. p. 422-437.

BERNSTEIN, S. The United Nations and the Governance of Sustainable Development Goals. In: KANIE, N.; BIERMANN, F. (Ed.). **Governing through Goals**: Sustainable Development Goals as Governance Innovation. Cambridge, MA: The MIT Press, 2017. p. 213-240.

BERTAZZO, J. Atuação da Otan no pós-Guerra Fria: implicações para a segurança internacional e para a ONU. **Contexto Internacional**, v. 32, n. 1, p. 91-119, 2010.

BRASIL. Lei n. 6.683, de 28 de agosto de 1979. **Diário Oficial da União**, Poder Executivo, Brasília, DF, 28 ago. 1979. Disponível em: <http://www.planalto.gov.br/ccivil_03/leis/l6683.htm>. Acesso em: 4 nov. 2020.

BRASIL. Lei n. 9.474, de 22 de julho de 1997. **Diário Oficial da União**, Poder Executivo, Brasília, DF, 22 jul. 1997. Disponível em: <http://www.planalto.gov.br/ccivil_03/leis/l9474.htm>. Acesso em: 4 nov. 2020.

BRASIL. Lei n. 11.340, de 7 de agosto de 2006. **Diário Oficial da União**, Poder Legislativo, Brasília, DF, 8 ago. 2006. Disponível em: <http://www.planalto.gov.br/ccivil_03/_ato2004-2006/2006/lei/l11340.htm>. Acesso em: 4 nov. 2020.

BRASIL. **Pretendida Contribuição Nacionalmente Determinada para consecução do objetivo da Convenção-Quadro das Nações Unidas sobre Mudança do Clima**. 2015. Disponível em: <http://www.itamaraty.gov.br/images/ed_desenvsust/BRASIL-iNDC-portugues.pdf>. Acesso em: 4 nov. 2020.

BUZAN, B. The Primary Institutions of International Society. In: BUZAN, B. **From International to World Society?** English School Theory and the Social Structure of Globalisation. Cambridge, UK: Cambridge University Press, 2004. p. 161-204.

CANÇADO TRINDADE, A. A. **Desafios e conquistas do direito internacional dos direitos humanos no início do século XXI**. 2006. Disponível em: <https://www.oas.org/dil/esp/407-490%20cancado%20trindade%20OEA%20CJI%20%20.def.pdf>. Acesso em: 4 nov. 2020.

CANÇADO TRINDADE, A. A. Os tribunais internacionais contemporâneos e a busca da realização do ideal da justiça internacional. **Revista da Faculdade de Direito UFMG**, Belo Horizonte, n. 57, p. 37-68, jul./dez. 2010.

CANÇADO TRINDADE, A. A. The Overcoming of Obstacles to Direct Access to Justice. In: CANÇADO TRINDADE, A. A. **The Access of Individuals to International Justice**. New York: Oxford University Press, 2012. p. 192-212.

CARSWELL, A. J. Unblocking the UN Security Council: The Uniting for Peace Resolution. **Journal of Conflict & Security Law**, v. 18, n. 3, p. 453-480, 2013.

CHASEK, P. S.; DOWNIE, D. L.; BROWN, J. W. **Global Environmental Politics**. 7. ed. Boulder: Westview Press, 2018.

CICV – Comitê Internacional da Cruz Vermelha. **Direito Internacional Humanitário (DIH): respostas às suas perguntas**. Genebra: Comitê Internacional da Cruz Vermelha, 2004.

COMISSÃO MUNDIAL SOBRE MEIO AMBIENTE E DESENVOLVIMENTO. Nosso futuro comum. 2. ed. Rio de Janeiro: FGV, 1991.

COMPARATO, F. B. **A afirmação histórica dos direitos humanos**. 10. ed. São Paulo: Saraiva, 2015.

COX, R. Social Forces, States and World Orders: beyond International Relations Theory. In: KEOHANE, R. **Neorealism and Its Critics**. New York: Columbia University, 1981. p. 135-151.

DUPONT, C. Coalition Theory: Using Power to Build Cooperation. In: ZARTMAN, W. (Org.). **International Multilateral Negotiation**. San Francisco: Jossey-Bass Publishers, 1994. p. 148-177.

FRIEND, K. E.; LAING, J. D.; MORRISON, R. J. Bargaining Process and Coalition Outcomes. **Journal of Conflict Resolution**, v. 21, n. 2, p. 267-298, June 1977.

GRANT, R. W.; KEOHANE, R. O. Accountability and Abuses of Power in World Politics. **American Political Science Review**, v. 99, n. 1, p. 29-43, Feb. 2005.

HERZ, M.; HOFFMANN, A. R. **Organizações internacionais**: histórias e práticas. Rio de Janeiro: Elsevier, 2004.

IAEA – International Atomic Energy Agency. **Statute**. 29 Dec. 1989. Disponível em: <https://www.iaea.org/sites/default/files/statute.pdf>. Acesso em: 4 nov. 2020.

KEOHANE, R. International Institutions: Can Interdependence Work? **Foreign Policy**, n. 110, p. 82-96, Spring 1998.

KEOHANE, R. Multilateralism: An Agenda for Research. **International Journal**, v. 45, n. 4, p. 731-764, Autumn 1990.

KEOHANE, R. The Demand for International Regimes. **International Organization**, v. 36, n. 2, p. 325-355, 1982.

KEOHANE, R.; NYE JR., J. **Power and Interdependence**. Boston: Longman, 2012.

KRASNER, S. D. Structural Causes and Regime Consequences: Regimes and Intervening Variables. **International Organization**, v. 36, n. 2, p. 185-205, Spring 1982.

LEE, M.; ROSENTHAL, H. A Behavioral Model of Coalition Formation: The French Apparentements of 1951. **Journal of Conflict Resolution**, v. 20, n. 4, p. 563-588, Dec. 1976.

LIBARDONI, M. Fundamentos teóricos e visão estratégica da advocacy. **Revista Estudos Feministas**, v. 8, n. 2, 2000. Disponível em: <https://periodicos.ufsc.br/index.php/ref/article/view/11936>. Acesso em: 4 nov. 2020.

MEARSHEIMER, J. The False Promise of International Institutions. **International Security**, v. 19, n. 3, p. 5-49, Winter 1994-1995.

MICHENER, A. H. et al. Minimum Resource and Pivotal Power Theories: A Competitive Test in Four-Person Coalitional Situations. **Journal of Conflict Resolution**, v. 19, n. 1, p. 89-107, 1975.

MORAVCSIK, A. The Origins of Human Rights Regimes: Democratic Delegation in Postwar Europe. **International Organization**, v. 54, n. 2, p. 217-252, Spring 2000.

MUÑOZ, A. A. Regimes internacionais de direitos humanos. **Revista SUR**, v. 14, n. 25, p. 171-188, 2017.

NARLIKAR, A. **International Trade and Developing Countries**: Bargaining Coalitions in the GATT and WTO. London: Routledge, 2003.

NEUMAYER, E. Do International Human Rights Treaties Improve Respect for Human Rights? **The Journal of Conflict Resolution**, v. 49, n. 6, p. 925-953, Dec. 2005.

ODELL, J. S.; SELL, S. K. Reframing the Issue: The WTO Coalition on Intellectual Property and Public Health. In: CONFERENCE ON DEVELOPING COUNTRIES AND THE TRADE NEGOTIATION PROCESS – UNCTAD, 6-7 Nov., 2003, Geneva.

OEA – Organização dos Estados Americanos. **Carta da Organização dos Estados Americanos**. 1948. Disponível em: <https://www.oas.org/dil/port/tratados_A-41_Carta_da_Organização_dos_Estados_Americanos.pdf>. Acesso em: 4 nov. 2020.

OEA – Organização dos Estados Americanos. **Convenção Americana sobre Direitos Humanos**. São José, 22 nov. 1969. Disponível em: <https://www.cidh.oas.org/basicos/portugues/c.convencao_americana.htm>. Acesso em: 4 nov. 2020.

OEA – Organização dos Estados Americanos. **Convenção Interamericana para Prevenir, Punir e Erradicar a Violência contra a Mulher, "Convenção de Belém do Pará"**. Belém, 9 jun. 1994. Disponível em: <http://www.cidh.org/Basicos/Portugues/m.Belem.do.Para.htm>. Acesso em: 4 nov. 2020.

ONU – Organização das Nações Unidas. **Carta das Nações Unidas e o Estatuto do Tribunal Internacional de Justiça**. Nova Iorque: Departamento de Informação Pública da ONU, 2009. Disponível em: <https://unric.org/pt/wp-content/uploads/sites/9/2009/10/Carta-das-Na%C3%A7%C3%B5es-Unidas.pdf>. Acesso em: 4 nov. 2020.

ONU – Organização das Nações Unidas. General Assembly. **Development and Environment**: Conference On The Human Environment, Stockholm, 5-16 June 1972. Provisional agenda item 14. New York, 22 Dec. 1971. Disponível em: <https://undocs.org/en/a/CONF.48/10>. Acesso em: 4 nov. 2020.

ONU – Organização das Nações Unidas. General Assembly. Fifty-eighth Session. Agenda item 59. **A/58/817**: Strengthening of the United Nations system. 11 June 2004a. Disponível em: <https://digitallibrary.un.org/record/523950/files/A_58_817-EN.pdf>. Acesso em: 4 nov. 2020.

ONU – Organização das Nações Unidas. General Assembly. Fifty-fifth Session. Agenda item 60 (b). **A/Res/55/2**: United Nations Millennium Declaration. 18 Sept. 2000. Disponível em: <https://undocs.org/A/RES/55/2>. Acesso em: 4 nov. 2020.

ONU – Organização das Nações Unidas. General Assembly. Fifty-ninth Session. Agenda item 53. **A/59/L.64**: Question of Equitable Representation on and Increase in the Membership of the Security Council and Related Matters. 6 July 2005. Disponível em: <https://undocs.org/en/A/59/L.64>. Acesso em: 4 nov. 2020.

ONU – Organização das Nações Unidas. General Assembly. Fifty-ninth Session. Agenda item 55. **A/59/565**: Follow-up to the Outcome of the Millennium Summit. 2 Dec. 2004b. Disponível em: <https://undocs.org/A/59/565>. Acesso em: 4 nov. 2020.

ONU – Organização das Nações Unidas. General Assembly. Seventy-first Session. Agenda items 13 e 117. **A/Res/71/1**: New York Declaration for Refugees and Migrants. 3 Oct. 2016. Disponível em: <https://www.unhcr.org/57e39d987#_ga=2.113408257.721515928.1604759415-1215327143.1604759415>. Acesso em: 4 nov. 2020.

ONU – Organização das Nações Unidas. General Assembly. Seventy-fourth Session. Agenda item 49 (a). **A/Res/74/82**: International cooperation in the peaceful uses of outer space. 26 Dec. 2019. Disponível em: <https://digitallibrary.un.org/record/3846441/files/A_RES_74_82-EN.pdf>. Acesso em: 4 nov. 2020.

ONU – Organização das Nações Unidas. **List of Peacekeeping Operations**: 1948-2018. Disponível em: <https://peacekeeping.un.org/sites/default/files/180413_unpeacekeeping-operationlist_2.pdf>. Acesso em: 4 nov. 2020a.

ONU – Organização das Nações Unidas. **Os Objetivos de Desenvolvimento Sustentável no Brasil**. Disponível em: <https://brasil.un.org/pt-br/sdgs>. Acesso em: 4 nov. 2020b.

ONU – Organização das Nações Unidas. **The Millenium Development Goals Report**. New York, 2015. Disponível em: <https://www.un.org/millenniumgoals/2015_MDG_Report/pdf/MDG%202015%20rev%20(July%201).pdf>. Acesso em: 4 nov. 2020.

ONU – Organização das Nações Unidas. **Women in Peacekeeping**: A Growing Force. Disponível em: <https://peacekeeping.un.org/en/file/8248/download?token=3IQZtQoL>. Acesso em: 4 nov. 2020c.

OTAN – Organização do Tratado do Atlântico Norte. **Tratado do Atlântico Norte**. Washington D.C., 4 abr. 1949. Disponível em: <https://www.nato.int/cps/en/natohq/official_texts_17120.htm?selectedLocale=pt>. Acesso em: 4 nov. 2020.

PERERA, R. **Declaration on Measures to Eliminate International Terrorism**. 1994. Disponível em: <https://legal.un.org/avl/pdf/ha/dot/dot_e.pdf>. Acesso em: 4 nov. 2020.

PIOVESAN, F. Declaração Universal dos Direitos Humanos: origem, significado e impacto. In: MAGALHÃES, F. (Org.). **A Declaração dos Direitos Humanos**: 30 artigos ilustrados por 30 artistas. São Paulo: Instituto Vladimir Herzog, 2014a. p. 16-30.

PIOVESAN, F. **Direitos humanos e justiça internacional**. 4. ed. São Paulo: Saraiva, 2013.

PIOVESAN, F. **Direitos humanos e o direito constitucional internacional**. 13. ed. São Paulo: Saraiva, 2012.

PIOVESAN, F. Sistema Interamericano de Direitos Humanos: impacto transformador, diálogos jurisdicionais e os desafios da reforma. **Revista de Estudos Constitucionais, Hermenêutica e Teoria do Direito (RECHTD)**, v. 6, n. 2, p. 142-154, 2014b.

PUGH, M. Peace Operations. In: WILLIAMS, P. D. (Ed.). **Security Studies**: An Introduction. London: Routledge, 2008. p. 407-421.

RAMOS, A. de C. A proteção dos direitos humanos: uma nova centralidade nas relações internacionais. In: CENCI, D. R.; BEDIN, G. A. (Org.). Direitos humanos, relações internacionais e meio ambiente. Curitiba: Multideia, 2013. p. 11-26.

ROGERS, P. **Global Security and the War on Terror**: Elite Power and the Illusion of Control. London: Routledge, 2008a.

ROGERS, P. Terrorism. In: WILLIAMS, P. D. (Ed.). **Security Studies**: An Introduction. London: Routledge, 2008b. p. 171-184.

SAYWARD, A. L. International Institutions. In: IMMERMAN, R. H.; GOEDDE, P. (Ed.). **The Oxford Handbook of the Cold War**. Oxford: Oxford University Press, 2013. p. 377-393.

SCHOTT, J. J. (Ed.). **The WTO after Seattle**. Washington, DC: Institute for International Economics, 2000.

SIDHU, W. P. S. Nuclear Proliferation. In: WILLIAMS, P. D. (Ed.). **Security Studies**: An Introduction. London: Routledge, 2008. p. 361-375.

SIKKINK, K.; KIM, H. J. The Justice Cascade: the Origins and Effectiveness of Prosecutions of Human Rights Violations. **Annual Review of Law and Social Science**, v. 9, p. 269-285, Nov. 2013.

SLAUGHTER, A-M. Security, Solidarity, and Sovereignty: The Grand Themes of UN Reform. **American Journal of International Law**, v. 99, n. 3, p. 619-631, July 2005.

SOUZA, A. de M. e; NASSER, R. M.; MORAES, R. F. de. (Org.). **Do 11 de Setembro de 2001 à Guerra ao Terror**: reflexões sobre o terrorismo no século XXI. Brasília: Ipea, 2014.

THORSTENSEN, V. A OMC – Organização Mundial do Comércio e as negociações sobre investimentos e concorrência. **Revista Brasileira de Política Internacional**, v. 41, n. 1, p. 57-89, 1998.

TICKNER, J. A. You Just Don't Understand: Troubled Engagements between Feminists and IR Theorists. **International Studies Quarterly**, v. 41, n. 4, p. 611-632, Dec. 1997.

WILLIAMS, P. D. Security Studies: An Introduction. In: WILLIAMS, P. D. (Ed.). **Security Studies**: An Introduction. Londres: Routledge, 2008. p. 1-12.

WILSON, W. **President Wilson's Message to Congress.** Jan. 8, 1918. Records of the United States Senate. Record Group 46. Records of the United States Senate; National Archives. Disponível em: <https://www.archives.gov/historical-docs/todays-doc/index.html?dod-date=108>. Acesso em: 4 nov. 2020.

Respostas

Capítulo 1

Questões para revisão
1. a
2. d
3. a
4. No campo das relações internacionais, o debate teórico clássico sobre o papel das OIs contrapõe duas vertentes centrais: o neorrealismo e o neoinstitucionalismo. A primeira, neorrealismo, toma como base o poder político dos Estados e entende que a hierarquia entre os atores se reproduz no âmbito das instituições internacionais; acredita que o ordenamento do sistema internacional é dependente da distribuição de poder das grandes potências. A segunda, neoinstitucionalismo, defende que os regimes e as instituições internacionais são atores centrais no ordenamento internacional, pois seus princípios e suas regras levam os Estados a adotar um comportamento mais cooperativo; dessa forma, o sistema internacional se tornaria mais estável e menos conflituoso.

5. Tanto os neoinstitucionalistas quanto os construtivistas têm uma visão de que as instituições internacionais assumem papel importante quanto ao comportamento dos Estados. Os neoinstitucionalistas entendem que o espaço institucional favorece o comportamento dos Estados no sentido da cooperação, dada a racionalidade que os move. Os construtivistas percebem que as instituições podem servir como espaços para o diálogo entre os Estados, a fim de obter consenso e cooperação por meio da identificação entre atores e entre novas ideias.

Questões para reflexão

1. As OIs que ganharam projeção com a criação da Organização das Nações Unidas (ONU) passaram a ser objeto central de estudo no campo das relações internacionais na década de 1960, quando foram contrapostas duas interpretações teóricas, o neorrealismo e o neoinstitucionalismo. Ao longo do tempo, a complexidade do sistema internacional foi se ampliando, com mais regimes e organizações e, ainda, com normativas sobre temas específicos, como direitos humanos, comércio e meio ambiente. Tal complexidade também se apresenta pela introdução de atores não governamentais e novos temas relevantes nas relações internacionais.

2. Na década de 1990, com a despolarização do sistema internacional, não apenas os Estados ganharam mais liberdade de negociação e os espaços das instituições internacionais foram reforçados, como também outros atores começaram a demandar maior participação no processo decisório, em virtude da percepção de que os temas discutidos impactavam diretamente os interesses desses atores não estatais. Nesse contexto, várias organizações não governamentais (ONGs)

e coalizões empresariais passaram a pressionar os Estados a responder aos interesses domésticos antes de negociarem no âmbito multilateral.

Capítulo 2

Questões para revisão
1. a
2. e
3. b
4. Ao Conselho de Segurança da ONU são atribuídas as funções de manutenção da paz e da segurança internacionais. As grandes potências, como membros permanentes, têm posição privilegiada e poder de veto. Por um lado, tal poder é vinculado à responsabilidade internacional; por outro, cria uma estrutura decisória assimétrica e cada vez mais contestada na organização.
5. A ONU foi criada com o intuito de garantir a estabilidade do sistema internacional e de criar incentivos para que os Estados busquem um consenso sobre diversos temas internacionais para manter a governança global. Entretanto, desde o fim da Guerra Fria, essa capacidade de criar consenso vem sendo cada vez mais questionada, assim como a concepção de governança global no que se refere aos instrumentos adequados para se manter a governabilidade do sistema internacional.

Questões para reflexão
1. É importante refletirmos sobre a atuação da ONU com base nas teorias institucionalistas. A ONU é considerada uma das mais relevantes organizações multilaterais do mundo, percepção

devida em parte ao grande número de Estados-membros, atualmente 193. Apesar de inúmeras críticas sobre a eficácia de suas decisões, sobretudo quanto aos interesses das grandes potências que compõem o Conselho de Segurança, a organização ainda tem relevância na promoção de agendas que acabam por influenciar a tomada de decisão de países, de organizações da sociedade civil e de governos subnacionais, como no caso da criação dos Objetivos de Desenvolvimento do Milênio (ODMs), atualizados pelos Objetivos do Desenvolvimento Sustentável (ODSs).

2. A estrutura da ONU é prevista em sua carta de constituição, elaborada em 1945. Desde então, o documento passou por poucas emendas, sobretudo no que diz respeito ao número de cadeiras do Conselho de Segurança e do Conselho Econômico e Social (Ecosoc). Isso ocorre porque o processo de criar emendas à carta exige um alto nível de aprovação dos Estados-membros, o que se torna cada vez mais complexo por causa do aumento do número de países que integram a ONU. Esse contexto acaba demonstrando por que as demandas por reformas estão cada vez mais presentes entre os Estados-membros, tendo em vista que a estrutura da organização, constituída originalmente por 51 países, hoje (2020) já comporta quase 200 nações, com um aumento significativo de Estados-membros provenientes dos processos de descolonização, especialmente da Ásia e da África. Esses países querem ter mais voz em uma organização ainda marcada pela influência política e ideológica ocidental, na qual o único órgão de plena representatividade – a Assembleia Geral – não tem poder de tomada de decisões vinculativas.

Capítulo 3

Questões para revisão
1. e
2. b
3. c
4. Com o fim da Guerra Fria, a Otan passou a ter um papel relevante nos conflitos inter e intraestatais da Europa. Sua eficiência militar se contrapôs à legitimidade do Conselho de Segurança da ONU, que teria um papel mais amplo para decidir sobre conflitos internacionais. As operações de paz da ONU enfrentam as intervenções militares da Otan, esta com maior capacidade de atuação direta na cessação de conflitos regionais.
5. A concepção essencialmente territorial dos conflitos internacionais foi ampliada com o fim da Guerra Fria, quando mudou a natureza dos conflitos, os quais passaram a envolver questões migratórias, ambientais e terroristas. Essa nova concepção de segurança envolve, sobretudo, novos atores e faz com que a delimitação desse campo seja estendida para temáticas mais amplas, assim como passa a exigir outros tipos de resolução.

Questões para reflexão
1. O conceito de *responsabilidade de proteger* (R2P) ganhou espaço em 2001, quando o governo do Canadá adotou o conceito com vista à garantia da segurança humana. O surgimento dessa ideia acompanhou a mudança da natureza dos conflitos e do olhar das teorias das relações internacionais para as questões da segurança internacional. Esse contexto levou à revisão do conceito de R2P, que passou a englobar a ideia de segurança

humana, ou seja, os Estados teriam a responsabilidade de proteger seus próprios cidadãos, compartilhando tal responsabilidade com uma comunidade mais ampla de Estados. O foco estaria menos no direito à intervenção e mais na responsabilidade dos atores de assegurar a proteção de direitos humanos.
2. A Otan passou por uma reforma na década de 1990, pela qual ampliou sua institucionalidade e atendeu a um novo conceito estratégico, que dava ênfase ao ativismo humanitário, alinhando-se à natureza dos novos conflitos internacionais. Por atender de forma mais eficiente ao controle militar dos conflitos intraestatais, surgiu a oposição entre essa eficiência e a legitimidade da organização em agir nos conflitos locais, cuja responsabilidade deveria ser atribuída ao Conselho de Segurança da ONU.

Capítulo 4

Questões para revisão
1. b
2. d
3. a
4. Países como o Brasil, considerados médios ou potências emergentes (na conceitualização dos anos 1990), podem obter benefícios ao atuar em espaços institucionalizados como a OMC, pois podem garantir maior previsibilidade no comportamento dos Estados e a possibilidade de negociações permanentes, além da oportunidade de formar coalizões para fortalecer seu poder para enfrentar as grandes potências.
5. Com o fim da Guerra Fria, a criação da OMC representou maior institucionalização das regras estabelecidas no regime

internacional do GATT, envolvendo países com níveis diferentes de desenvolvimento e, portanto, com preferências e recursos distintos. A ideia era que a ampliação das regras e normas garantiria uma participação menos desigual nos processos de negociação, um atendimento aos interesses comerciais e a proteção dos países menos desenvolvidos.

Questões para reflexão

1. A criação da OMC representou um avanço no campo das negociações internacionais, abrindo espaço para os países contarem com regras e procedimentos comuns que facilitariam o comércio internacional. A instituição também passou a dar mais previsibilidade às negociações e garantias de que os interesses individuais seriam preservados e negociados por consenso.

2. Para países como o Brasil, com perfil de destaque no âmbito regional e multilateral, ambientes institucionais favorecem sua atuação, pois permitem que se formem coalizões com países do mesmo porte, ou de porte menor, o que fortalece nossa capacidade de liderança e de enfrentamento da assimetria de poder. Ao liderar importantes coalizões atuantes na OMC, como o G20, o Brasil – considerado país emergente – ganhou espaço e visibilidade na contraposição aos interesses de grandes potências ao longo das décadas de 1990 e 2000.

Capítulo 5

Questões para revisão
1. c
2. b
3. c
4. O regime universal teve como marco na contemporaneidade a Declaração Universal dos Direitos Humanos (DUDH), a qual, apesar de ser um documento não vinculativo, é uma referência internacional para a garantia e a proteção dos direitos humanos. Esse documento foi elaborado após a Segunda Guerra Mundial, período em que se registraram grandes atrocidades, entre elas, o próprio nazismo. Assim, a DUDH reconhece a dignidade e o valor da pessoa humana e define que todo ser humano é passível de proteção, independentemente de raça, religião, sexo, língua ou qualquer outra característica. Essa declaração inaugurou o advento de uma série de outros documentos, como a Convenção para a Prevenção e Repressão do Crime de Genocídio, de 1948, que já previa a criação de um tribunal para julgar crimes de genocídio. Assim, o Tribunal Penal Internacional (TPI) foi finalmente criado em 1998 para julgar, além de crimes de genocídio, crimes contra a humanidade, crimes de guerra e crimes de agressão. A criação de um tribunal que julgue indivíduos e agentes do Estado é uma forma de conceder maior proteção aos indivíduos contra a ação de seu próprio Estado.
5. O fenômeno migratório voltou a ganhar destaque no século atual pelas mais variadas motivações: prolongamento de guerras civis, mudanças climáticas e crises econômicas, por exemplo. Assim, organizações como o Alto Comissariado

das Nações Unidas para Refugiados (Acnur) e a Organização Internacional para as Migrações (OIM) têm desempenhado um papel de grande relevância na mitigação das vulnerabilidades desse grupo de milhões de migrantes e refugiados. Cabe lembrarmos que tanto a atuação dessas organizações como os marcos internacionais existentes fazem distinção entre os *status* de migrante e de refugiado; este último diferencia-se do primeiro pelo fato de deixar de receber proteção do Estado de origem, tendo de migrar forçadamente, sobretudo por motivos de perseguição. O Brasil tem dois marcos específicos para tratar essa questão: a Lei de Migração, de 2017, que atualizou o obsoleto Estatuto do Estrangeiro (o qual, conforme o próprio nome indica, tratava o imigrante sob uma perspectiva de segurança nacional), e a Lei do Refúgio, de 1997, que ampliou o entendimento da Convenção das Nações Unidas Relativa ao Estatuto dos Refugiados quanto às situações em que uma pessoa pode receber o *status* de refugiado, com a inclusão de uma referência geral a graves violações de direitos humanos.

Questões para reflexão
1. A literatura sobre o tema tem discutido intensamente as motivações que levam os Estados a aderir a regimes internacionais de direitos humanos, mesmo sabendo que isso pode vir a gerar certo constrangimento à ação doméstica. Se, por um lado, a adesão significaria uma chancela internacional ao Estado, por outro, os realistas apontam que a mera adesão a um regime internacional não resulta em respeito automático às normas e aos princípios de direitos humanos, já que muitos Estados continuam a violar direitos mesmo sendo parte de tratados e organizações internacionais. Todavia, parte da literatura

defende que o *power of shame*, ou o constrangimento internacional, pode acarretar mudanças à política doméstica do país ou ao menos contribuir para a redução de violações de direitos humanos.
2. A criação de tribunais de *accountability* criminal individual foi considerada um grande avanço no que diz respeito tanto à reparação a vítimas quanto à prevenção de graves violações de direitos humanos. O Tribunal de Nuremberg, apesar de ser *ad hoc* e de julgar apenas os "perdedores" de guerra, foi uma inovação significativa, já que, pela primeira vez, líderes de Estado foram julgados no exercício de suas funções, não podendo a atividade pública ser usada como fator de imunidade para a perpetração de violações. O Tribunal Penal Internacional (TPI) acabou por consolidar essa tendência; além de estruturar uma corte para julgar indivíduos, contribui para a reparação às vítimas, que são consideradas ao longo do processo. Apesar das críticas feitas ao TPI, parte da literatura aponta que a existência de um tribunal permanente de fato pode constranger líderes a reduzir as violações perpetradas contra seus nacionais.

Capítulo 6

Questões para revisão
1. b
2. d
3. b
4. O regime ambiental de mudanças climáticas foi oficialmente criado em 1992, com a Convenção-Quadro das Nações Unidas sobre Mudanças Climáticas, durante a Conferência das Nações

Unidas sobre o Meio Ambiente e o Desenvolvimento – a Rio 92. Essa convenção tinha como objetivo primordial estabilizar a concentração de gases de efeito estufa (GEEs) na atmosfera em um nível que impediria interferências antrópicas perigosas no sistema climático. A relevância do regime foi se consolidando à medida que convergiu para um consenso quanto à ideia de que o meio ambiente é um problema global.

5. Os oito ODMs foram firmados, por meio da Declaração do Milênio, assinada em setembro de 2000, e se desdobravam em 18 metas e 48 indicadores. Apesar de consideráveis avanços, os ODMs também foram alvo de críticas pelo limitado escopo. Além da própria dificuldade na transversalidade dos objetivos (pensados em "caixas" isoladas), alguns críticos afirmavam que os tópicos não levaram em consideração as causas que geram a pobreza extrema e não contemplaram questões relativas ao desenvolvimento econômico.

Questões para reflexão

1. Apesar de as mudanças climáticas atingirem todos os países, independentemente das fronteiras internacionais, a má interpretação gera divergências sobre quem deveria carregar o fardo de mudanças domésticas para frear os principais fatores contribuidores dessas alterações ambientais. O fato de a emissão de GEEs ser um dos principais motivos atribuídos ao aquecimento global e de esses gases estarem conectados a atividades produtivas e econômicas dos países coloca o fator econômico como prioritário na balança. A perspectiva realista de uma disputa de soma zero no jogo internacional, em que um precisa perder para o outro ganhar, acaba dominando o debate sobre a definição de metas de redução de emissão de GEEs para os países.

2. Apesar de inúmeras críticas aos ODMs, os ODSs conseguem atualizar tais propósitos, buscando maior integração entre as metas, de modo a instaurar uma força-tarefa no sistema ONU ao engajar todos os seus programas e todas as suas agências. Mesmo com as questões relativas à efetividade da ONU em promover metas que não têm força vinculativa, a organização acaba por colocar os ODSs no centro de sua atuação política e *advocacy*, conseguindo mobilizar atenção internacional e envolver outros atores também centrais para o alcance das metas, como a sociedade civil organizada, as organizações privadas e os governos locais.

Sobre as autoras

Janina Onuki
Graduada em Ciências Sociais pela Faculdade de Filosofia, Letras e Ciências Humanas da Universidade de São Paulo (FFLCH-USP). Mestra e doutora em Ciência Política pelo Departamento de Ciência Política da FFLCH-USP. Professora titular e diretora do Instituto de Relações Internacionais da USP. Pesquisadora do Centro de Estudos das Negociações Internacionais (Caeni). Coordenadora da área de pesquisa em Relações Internacionais da Associação Latino-Americana de Ciência Política (Alacip) e da área temática de Política Internacional da Associação Brasileira de Ciência Política (ABCP). Dedica-se a pesquisas sobre governança e instituições internacionais, política externa, integração regional e opinião pública. Foi editora da revista científica *Brazilian Political Science Review* e professora visitante na School of International and Public Affairs da North Carolina State University.

Kelly Komatsu Agopyan
Graduada em Relações Internacionais pela Pontifícia Universidade Católica de São Paulo (PUC-SP). Mestra pelo programa de pós-graduação do Instituto de Relações Internacionais da Universidade de São Paulo (IRI-USP). Doutoranda pelo mesmo instituto. Desenvolve

pesquisa sobre políticas públicas comparadas de direito à cidade. Dedica-se à pesquisa sobre ação internacional de governos locais, políticas locais e direitos humanos. Foi pesquisadora associada do Sistema de Informação sobre Institucionalidade em Direitos Humanos do Mercosul (IPPDH-Sisur) e bolsista do Fundo Sasakawa de Bolsas para Líderes Jovens. Foi assessora para assuntos internacionais da Secretaria Municipal de Direitos Humanos e Cidadania da Prefeitura de São Paulo.

Impressão:
Novembro/2020